贰阅 | 阅爱 · 阅美好

让读走心
让阅读走心

让阅历丰盛

反依赖
亲密关系的秘密

[英] 莎兰·汉考克◎著
（Sharon Hancock）

贰阅◎编译
乐悠◎校订

国际文化出版公司
·北京·

图书在版编目（CIP）数据

反依赖：亲密关系的秘密 /（英）莎兰·汉考克著；
贰阅编译 . — 北京：国际文化出版公司，2022.9（2024.12重印）
ISBN 978-7-5125-1422-5

Ⅰ.①反… Ⅱ.①莎…②贰… Ⅲ.①恋爱心理学—
通俗读物 Ⅳ.① C913.1-49

中国版本图书馆 CIP 数据核字 (2022) 第 106028 号

北京市版权局著作权合同登记 图字 01-2022-4174

反依赖：亲密关系的秘密

作　　者	［英］莎兰·汉考克
编　　译	贰　阅
校　　订	乐　悠
责任编辑	侯娟雅
特约编辑	李艳玲
封面设计	新艺书文化
出版发行	国际文化出版公司
经　　销	全国新华书店
印　　刷	涿州市京南印刷厂
开　　本	880 毫米 ×1230 毫米　32 开
	7.25 印张　　　　　141 千字
版　　次	2022 年 9 月第 1 版
	2024 年 12 月第 3 次印刷
书　　号	978-7-5125-1422-5
定　　价	58.00 元

国际文化出版公司
北京朝阳区东土城路乙 9 号　　邮编：100013
总编室：（010）64270995　　传真：（010）64270995
销售热线：（010）64271187
传真：（010）64271187- 800
E-mail：icpc@ 95777.sina.net

目录

PART 1　破解亲密关系的三大谜团

PART 3 做好亲密关系的多种情绪管理

PART 5　重视亲密关系的五大性主题

真正的亲密，是两个真我的遇见

关系就是一切，一切都是为了关系。

这里的关系，指的是所有类型的关系，有人际关系，也有我们和社会乃至万事万物的关系。所有的关系中，最难维系的，该是亲密关系了。

亲密关系会唤起我们最强烈的渴求，也因此会引出各种强烈的人性的表达与纠结。在亲密关系中，我们有一种基本渴求，这当然也是人际关系的本质：想感觉到自己，同时也想感觉到别人。当呈现这种渴求时，我们的内在会无比敏感，同时又非常脆弱。我们常常把这一部分称为"内在小孩"。但这并不准确，它更像一种状态。

如果这一部分可以在一种安全的关系中打开，那会非常非常美。这是我们每一个人都渴望的体验：非常纯净地连接另外一个人。

只是，连接并非我们唯一的需要，此外我们还有各种各样的需要，例如自由的需要。我们想成为自己，同时也深深地需要爱，不只是接受爱，也付出爱，爱的能量有交流、有平衡。同时，我们内在的这种渴求，还会衍生出失望、失败和拒绝。这些让我们感觉到痛苦。我们还是小孩的时候，我们的这种渴求都是敞开的，但如果痛苦太多，我们就会切断连接。因为很多人在家庭中没有得到欢迎，甚至感受不到欢迎。很小的时候我们看这个世界觉得不安全，觉得自己最好不要有需要，所以我们把所有需要包起来，包成一包，放到了心中的"地下室"。

　　但是，这些需要一直都在等待一个机会跳出来对我们说"看看我吧"。这是一股很大的能量，把它压在"地下室"，只会让它更强大。所以，当恋爱中感觉到安全时，所有的需要都会跳出来，所有压抑的东西都会跳出来，而且是一股很大的能量。

　　我们该如何处理呢？

　　我们需要认识到，这主要有两种呈现形式。

　　一种形式是依赖，也叫作对爱上瘾。另一种形式是它的对立面，叫反依赖，也叫作对逃避爱上瘾。当然，一个人可能同时拥有这两种形式。

　　依赖是你相信生命中最大的满足来自关系，如果没有爱，就像人没有空气没有食物、鱼没有水一样。依赖型的人非常需要接触：身体上的接触、精神上的接触、深层的接触。依赖型的人总想靠近对方，越靠近越好，他们不认为空间是有价值的。如果没有依赖，他们会非常抑郁，非常空虚寂寞。对依赖型的人而言，接触就是空气和食物。最重要的是，要有一种深层的接触。肤浅的连接他们不但不需要，甚至还会让他们非常受挫。

依赖型的人进入关系后，总渴望能有更深层的关系，他们对于这一点有很多想法，会希望彼此忠诚，一夫一妻，绝不希望别人介入。

童年时，他们会有很强的被抛弃感，导致他们对关系中的分离非常敏感。比如，你期待伴侣什么时候给你打电话，但他没有打，那等待的一小时已不是一小时，而像是一辈子，好像永远要这样等下去，并且你好像很确定你没有得到你想要的爱。这时，你会很不舒服，可能会觉得很自卑。

依赖型的人有一种倾向，总是在扫描，而且是在扫描恐惧——

• 我是唯一的吗？

• 我就想知道，我是不是唯一？

• 你到底爱不爱我？

• 你是全心地在呢，还是一只脚已经跨到门外？

依赖型的人会非常夸张，因为他们的雷达扫描频率已调到最高，总是在扫描不安全。因为小时候有太多不安全感，所以他们有一种很深的感受——我需要关系，如果需要得不到满足，我就会死掉。依赖型的人，所有能量都聚焦在对方身上。

相反，反依赖型的人，只有小部分能量放到恋人身上，70%～80%的能量都放在其他部分。

反依赖型的人，在关系以外有很多需要，他们需要自由，需要独处的时间，需要空间去做自己的事情。

如果一个反依赖型的人遇到一个依赖型的人，他会觉得很沉重，因为他觉得自己得负责。最初这种负担来自父母，我们必须照顾他们，觉得亲子关系是强烈的束缚。我们在反依赖时会非常为难，因为有很依赖自己的父母，或小孩，或伴侣。

反依赖型的人，总是设法把事情做好，他们通过管理的方式来处理事情。他们会说，如果我把20%精力放到伴侣身上，那么我就可以把其他事情做好。但如果你是依赖型的人，你会对他们的这一点非常讨厌，你会反对被管理。所以，一个反依赖型的人需要关系，但又担心被困住，觉得关系像美好的监狱。他会担心，如果他向一个人敞开，就必须照顾对方。

反依赖型的人，小时候他们的异性父母[①]或者很伤心，或者很需要满足，却没办法从自己伴侣那里得到满足，于是很伤心、很受挫折的异性父母（常见于妈妈），就会找自己的孩子，以得到满足。对孩子而言，一方面觉得自己很特别，一方面觉得自己被入侵了，孩子从小就学到：做自己父母的"父母"。

---

① 异性父母，指性别与孩子不同的父母，对女儿来说指父亲，对儿子来说指母亲。

但是，孩子自己的需要被忽略了。

所以，谈到关系中的需要，依赖型的人知道自己的需要，但这会让反依赖型的人非常不舒服，他们很难说"不"。他们解决这一问题的方式是，要进入爱，但只进入一点，因为他们觉得如果进入太深，自己就会"消失"。这叫作被吞没创伤，这是很深的恐惧，而不是一点点恐惧。

依赖型的人渴望爱，就像渴望氧气，但这会让反依赖型的人感到窒息，觉得对方的需要就像海啸，会把自己淹没。

依赖的背后，是害怕被抛弃。反依赖的背后，是害怕被入侵、被吞没、被吃掉。反依赖型的人感受到依赖型的人的需要时，会感觉自己被冻结了。而依赖型的人感受到反依赖型的人的这种感觉时，就会想死。依赖型的人会追着反依赖型的人跑，而反依赖型的人惧怕被吞没，所以跑得更快。

健康的关系中，你可以处于依赖的位置，也可以处于反依赖的位置。一对情侣可以在这两个位置自由游走。在不健康的关系中，角色是固定的，一个永远是依赖的，一个永远是反依赖的。在绝大多数情况下，这种力量是失衡的。

不幸的是，依赖型的人往往比反依赖型的人力量小，所以常常是反依赖型的人在控制关系，决定亲密度的百分比是多少。这会让依赖型的人抓狂，觉得很无助、很愤怒。为了要掩盖这种感觉，他们会对抗，这会导致更严重的愤怒，甚至完全失控。

武志红推荐序　真正的亲密，是两个真我的遇见

反依赖型的人也会有雷达，他们会感觉——

- 我有多安全，我会被吞没吗？

- 我可以说不吗？

- 我能得到足够的空间吗？

- 我可以活出我自己吗？

但最初进入关系时，他们是彼此吸引的。一般来说，依赖型的人不会找依赖型的人，反依赖型的人不会找反依赖型的人。

上述文字，是我的一次课程笔记，这次课程的授课老师是莎兰·汉考克。

我不知道你有没有被戳成筛子的感觉。从 2010 年起，我多次上过莎兰老师的课程，那时她的名字叫"瓦苏"，"莎兰"是她后来改的名字。我直接接触的老师中，有两位外国老师对我影响很深，一位是斯蒂芬·吉利根老师，一位就是莎兰老师。

我的《身体知道答案》一书，深受吉利根老师的影响。我的《为何爱会伤人》一书，则是深受莎兰老师的影响。在《为何爱会伤人》中，有十来篇文章的内容或灵感，都来自莎兰老师的亲密关系课程。这些文字已经够戳心，但实际上，莎兰老师课程的魅力，远远不是文字所能表达的。

我曾上过莎兰老师的一次为期 12 天的课程，分两次，一次 6 天。

这 12 天课程中，我有了一次不可思议的经历：几乎没有走过一次神，全神贯注于其中，同时又非常放松。

这不是我一个人的体验，课上不少同学表示，他们也是如此。

每一次参加莎兰老师的工作坊，都能带给我这样的体验。

为什么会这样？因为，莎兰老师总是能第一时间懂得你的体验，并能碰触你的体验，而她自己的语言又饱含着情感。很多老师也是能做到这一点的，而莎兰老师同时又是非常具有逻辑性的一位女老师。

也因此，莎兰老师的工作坊，兼备理性的自洽和感性的流动。我们经过精心打磨，隆重推出莎兰老师的亲密关系课程。

至少到目前为止，莎兰老师的亲密关系课程，是我上过的关于亲密关系的极好的课程。

如果你想了解亲密关系的奥秘，想化解自己在亲密关系中的难题，想懂得自己和伴侣是怎么回事，也想拥有莎兰老师这种时刻处于理性和感性的整合状态，那么莎兰老师的这本由课程而来的书，就是非常值得你学习的。

获得圆满的亲密关系是绝对可能的

我叫莎兰·汉考克，在过去40多年的时间里，我是一名专注于爱情及性爱方面议题的亲密关系治疗师和教练。

在工作的这些年中，我帮助了许多伴侣及单身人士，让他们拥有了更好的关系。不仅如此，我也帮助人们了解到"我们在生命中值得拥有非常美好的关系，即便我们没有在童年时期学到良好的关系应该是什么样的"。

本书将帮助你得到你想要的关系，以及你本来值得拥有的关系；同时也会帮助你看到你做些什么能让你的关系变得更好——不是单纯给你一个礼物，而是需要你参与到这个过程中。这很重要，"因为我们现在生活在一个有更多选择性，以及有权选择自己想要什么样的亲密关系的时代"。

这并不是不可能的，我们有选择。但是我们需要看到如何以对自己最好的方式来运用这个选择。我可能无法让你相信"我真的会拥有一段亲密关系"这样的信念，但是会一步一步地带领你、支持你、鼓励你找到生命中的圆满，以及你想要创造的"圆满的亲密关系"。

圆满且充满活力的亲密关系包含健康与快乐，而亲密的性关系也是亲密关系的一个重要部分。

希望你拥有信心和勇气，愿意通过自己的参与和分享来创造非常有爱、快乐健康的亲密关系。当你这样做的时候，我会指引你，因为我知道你可能自己也不清楚，你将探索到的这些在爱情生活中找到的圆满，会延伸到所有与你亲近、有连接的那些人身上。

通常我们会觉得，如果我有了一段我想要的关系，可能对于我的父母和孩子来说是难以接受的。但实际上我发现的情况完全相反：当我变得开心幸福时，这种开心和幸福会传递给所有在我生命中出现的人。因为我们往往更加在乎别人，我们对人更加友善、更加温暖，当人们感受到我们心中的温暖时，他们就会敞开自己。

所以，这本书会帮助你和你的伴侣，并将你的收获延伸到你的工作、生活中——你不仅会在工作中变得更加高效，更有创造力，而且也能处理那些你在家庭中不知道如何处理的事情。

我们正处于一个全新且让人兴奋的时代，一个让男人和女人都充满选择权利的时代。如果我们开心，并且可以拥有圆满的亲密关系，那么生命的所有面向都会有所改变。我是如何知道的呢？因为我亲身经历过这一切。

我曾经经历过不开心的亲密关系，我的人生受到了干扰，无法专注工作，毫无创造力。当然，我有专注地回看自己努力的过程，之后我的关系发生了转变，我感到更加有力量，可以面对我人生更深层的那个部分，以及健康的部分。

我从自己及学员的经验中发现，当我们在自己身上努力的时候，我们会做得更好，更加成功，我们事业有成，而且身体也很健康。实际上，我们并不需要活在不开心的关系中，为了生活苟且活着，或者对改变感到无助。

你要相信，无论你是在一段新的关系中，还是在原有的关系中，所有的关系都可以改善。假如你现在是单身，并且正在考虑找一个合适的人生伴侣，这本书就会给你最实际的帮助，带领你做出恰当的选择。

比如，你想找一个什么样的伴侣？你和这个伴侣想建立一种什么样的关系？我会给予你支持、技巧及必要的理解，让你拥有鲜活、成长且富有创造力的伴侣关系。

翻开这本书，就像开启一趟探索和疗愈的旅程。有一点，我希望在我们开始旅程之前就告诉你：无论是对于你想要改变的关系，还是你想要开始的关系，你需要先采取行动。不要一直抱怨你的伴侣，期待着对方的改变，那是永远都不会成功的。

我在中国工作了十多年的时间，我发现越来越多的年轻人，甚至中年人，开始更加打开自我，他们愿意更深入地去学习如何享受亲密关系，如何使之成为开心和享受的源头。

在关系中，许多都是关于责任和义务的，这也是我们关系中的一部分。当然，在倾其所能地孝顺父母和贡献家庭的同时，我们也可以有做自己的空间，而且可以活在一种自己创造的良好关系中。这是非常重要的。

但是我观察到的是，在许多关系中，不只是一个成年男性和一个成年女性之间，更多的时候人们是在关系中寻找自己童年时期未曾被满足的"父母"。

我们会在本书中讲到更多相关的部分。我想要启发以及鼓舞大家的是：要承认现在就是这样的时期，可以让真正独立的男性和女性相遇，他们可以沟通、讨论，以及面对问题，共同找到一种创造性的解决方法。这是上一代人所不擅长的。

这是一个对于我们每个人来说都非常振奋的时期，可以拥有成熟、独立并且圆满的成年伴侣关系。我很高兴，我会帮助你一步一步地前进，你并不孤单，你也一定会有许多意想不到的收获。

PART 1

破解亲密关系的三大谜团

No.1
为什么我们在关系中
感受不到亲密

为什么我们在关系中无法感受到亲密？

为什么我们渴望亲密，却找不到创造亲密关系的方法？

其实，这背后有很重要的原因。如果回顾自己的童年和家庭，回忆那些关于什么是亲密关系的画面，其实有的人并没有在父母那里看到有爱的亲密关系，看到的只是婚姻、成为团队，以及为人父母。而这不是父母的错，因为他们可能也没有受过亲密关系方面的培训或教育。

我们在成长的过程中一直在寻找或观察身边谁拥有美好健康的亲密关系，最终发现很难找到。那么，我们如何去处理亲密关系呢?

我们可能会从电影里浪漫的亲密关系中找一种近于完美且理想的状态,来弥补自己对真实亲密关系的缺失。最终,我们会发现这样做无济于事,因为那一切根本不是真实的。

我们要真正地了解组成健康亲密关系的因素有哪些。这需要我们加入一点关注度、一点情感。而最重要的一点是,学会如何呈现自己。如果我们无法全然地表达自我,无法保持和自己的连接,对自己没有充分的认识,那么亲密关系对我们来说会变得非常困难。

美好的亲密关系,从认识自己开始

亲密关系的建立从"认识自己"开始,认识所有自己美好的部分,以及困难的部分,比如恐惧感、不安全感和需求。我们对感觉不舒服的部分要愉悦、友好地接纳,要先做到"自爱"。开启一段美好的亲密关系,就是开始爱和接纳自己。

进一步来看,你需要意识到:创造一段亲密关系,根本不需要别人先来爱你,而是从感觉到你自己内在的安然开始。这是一场革命。我们也会以此为基础来指引你,因为这并不是一件容易的事情。

那么,自爱到底是一个怎样的概念呢?自爱,意味着你能够感受你自己,你可以感受你内在的生命力。

你可以感受到内在有股力量，一股值得与他人分享的力量。这股力量会全然地改变你的关系。你不再是没有得到爱，一直在外寻求的"孩子"，不再是那个想在伴侣身上寻找各种不同的爱、认同与证明的"孩子"。

当然你有需求，大多数人的需求在童年时期未得到满足，但你想创造的是成熟的亲密关系，不是你既像"小孩"又像"父母"一样的关系模式。

爱自己，代表着要接纳自己，全然接纳自己本来的样子，开始善待自己的想法、自己的感受、自己的需求，以及自己的情绪。如果我们不善待自己的情绪，而是进行屏蔽和掩盖，这些情绪随后会出现在亲密关系中，但不会以正面的能量出现，大多数会以泪水、愤怒等形式出现。这将会使关系变得很困难，因为伴侣不知道如何处理我们的情绪，以及当时他们自己的情绪。

练习：锚定你的身体

我想向你介绍一个引导练习。在这个练习中，我会引导你进入一段帮助你的身体锚定在当下时刻的旅程。你不需要做什么，这个练习是非常安全的，你可以完全地放松，跟随你当下真实舒服的感受流动。

你首先要以舒适的坐姿坐好。当感觉舒适后你可以闭上眼睛，如果想睁着眼睛也没关系，但闭着眼睛能更好地帮助你将注意力带回到内在。这就是这个练习要探索的。

现在，请以舒适的坐姿坐好，你可以感受到身体的放松，感受到现在坐的椅子或者垫子在支撑着你的身体。

如果你需要换一个地方坐的话，那么可以用 5 ~ 10 分钟的时间让自己全然地放松。请你调整好！

准备开始，让你的身体进入轻松的状态，找到一个舒服的空间让双腿放松，这样你可以感受到自己的脊椎微微挺直，并且保持放松。

你的头部是放松的，你可以慢慢地将你的专注力带回到你的身体。开始感受你的身体，因为你的身体就是建立亲密关系的一个重要基础，你可以感受到你自己。

你开始从你的大腿和双脚觉察到各种感知。感知就是你感受到的温暖、冰冷、沉重或者发麻感。用些许时间来感受你的大腿和双脚有怎样的感觉。

当你这样做的时候，你可能会感受到，你开始慢下来，开始感受到自己更加有能力安住当下。

你会注意到，你的呼吸开始变得缓慢。对于有些人，可能不是呼吸的变化，而是他们本身开始更加安静了。

当呼吸开始变得缓慢时，你的觉察会更深层，感受到更多的部分。这样你就可以感受到身体的更多部位。

当你坐在这里的时候，你还要去觉察手臂和双手的感知。你可能觉察到，一切都非常平静、非常放松。这个美妙的放慢练习，就是建立亲密关系的可能性的组成因素。

让自己再做一两次缓慢且深长的呼吸，感受到你将专注力和能量带回到自己身上。

与此同时，你感受到自己变得鲜活，自己就是力量的源泉，自己的内在正在发生着转变。

当你这样做时，我邀请你带入一丝温和的接纳和仁慈到自己的内在，无论你现在处于生命中的哪一个阶段，无论你正在面对什么，无论你正在挣扎什么，带着友好和仁慈去看待自己。

长期以来，我们一直都有评判和拒绝自己的"习惯"。这个"习惯"是在我们的童年时期形成的，我们需要去疗愈这个"习惯"。因为亲密关系会在充满爱、接纳自己、接纳当下如此坐在这里的自己、接纳自己一切的完美与不完美的过程中产生。我们会一起开启一段进入亲密关系的旅程。

当下片刻，看看你的感受是什么？将爱的仁慈和亲切的能量带给自己。仿佛，你成了你自己的母亲。

当你带着仁慈看向你自己时，即便你是不完美的也不重要。我们在亲密关系中并不需要做到完美。

在此，我希望这个练习已经给你带来一个有趣的想法，那就是在亲密关系中，你不用尝试变得完美，你要尝试变得临在，尝试保持真实。

让这个想法轻轻地触碰到你的心，然后去感受，当你回向自己时，你心中的仁慈和亲切开始融化。

现在，我希望你能以非常轻柔的方式，闭着眼睛，再稍坐片刻。

我希望你开始了解，这是一个非常深入的疗愈过程。这个深入疗愈的过程不仅能疗愈你的内心，还可以疗愈各种创伤——无论是爱情中的创伤，还是你自尊心的伤痛。通过爱的接纳，你能够与自己的身体连接，真正深入地疗愈你与自己的关系。

当你注意到这个深入的过程时，你不仅有能力疗愈自己的生命，也可以疗愈你生命的每一个面向，并且可以疗愈很多遇见的人。这个层面的疗愈，是我们每一个人都需要的，因为我们每一个人在生命的某一个阶段或多或少都受到过爱的创伤，而且我们都希望疗愈这些潜藏于深处的爱的创伤及自爱的伤痛。

现在，将能量带回自己的身体，可以轻轻地活动一下双手，仍然沉浸在这份安静、仁慈的内在空间，同时你也可以轻轻地活动一下双脚。

然后，请你慢慢地睁开眼睛，环顾四周，慢慢适应后，带着心里全新鲜活的能量回到当下。

No.2

为什么我们在内心
无法感受到爱

亲密关系为何如此困难?

为什么我们可以和某人在一起却很难感受到爱?

为什么我们在内心无法感受到爱?

我们首先要了解,我们在成长的过程中,比如在孩童时期的成长过程中形成了一种反应——不需要需求,或不需要以我们需要的方式满足我们的需求。这种反应我们称作"保护层"。

保护层可以给弱小的我们以保护

建立保护层并不是一件坏事情。当我们弱小的时候保护层是必要的，因为我们没有可以面对痛苦经验的方法，没有可以理解痛苦经验的能力，没有可以沟通痛苦经验的能力。

所以，当遇到痛苦体验的时候，我们就会关闭自我。我们屏蔽自己的情绪、自己身体的感受、自己的内心，我们也屏蔽了自己的需求。因为，如果敞开，我们就会变得脆弱。

当孩童时期的我们有自己的需求时，却没有人可以来照顾我们，那对年少的我们来说是苦不堪言的。当面对这种难以应对的感觉时，一种反应就是屏蔽。这是很自然的反应。

我们会很深层面地去屏蔽这一切，不仅会紧闭自己的心，头脑似乎也开始变得僵化，我们变得麻木、平淡，我们的神经系统也不再以健康的方式运作。我们可能会过度兴奋以至于紧张，或过度平静以至于无法用健康的方式做出情绪反应。当这样屏蔽时，我们是处于一种无意识屏蔽的状态。

我们甚至可能没有觉察到，身体的系统在过度表达情绪或小题大做，也可能进入麻木和平淡的状态。当我们在这个阶段进入亲密关系的时候，显而易见，我们就没有感受的能力。

保护层也使我们避开了亲密

在亲密关系中，实际上需要一种良好的能力——可以感受到自己的感觉，了解自己的需求，感受到自己的身体，以及时刻知道自己内在正在发生什么的能力。如果我们没有这种能力，我们就很难和他人真正沟通。

可悲的是，在亲密关系中，不止一个人在挣扎着寻找与自己的连接，另一个人也是一样。我们可能幻想着浪漫，并尝试如我们想象一样地持续停留在亲密关系中。但大多数情况下我们都只是在表演，并没有感觉，时间一长就变得平淡了，因为这种装出来的感受维持不了多久。

如果我们真的意识到这一点，那我们可能会说：现在我毫无感觉，我感觉自己有些冰冷，我感觉有些恐惧，我甚至感受不到自己的恐惧，能感受到的是控制。

问题是，当我们在自己的保护层中时，我们假装的都是不真实的。我们假装在爱情里，我们假装有感觉，一旦开始假装，就开始变得不真实。

当你变得不真实时，你就不会喜欢亲密关系，亲密关系对你来说会变得非常有压力。当你无法感受到一些事情的真实性时，你又要去呈现不是你本来的样子，整个经历就会变得非常痛苦，然后你便开始尝试避免亲密关系。

进入保护层，就是逃避的好方法。

工作，是我们选择逃避的一种方式，可以使我们避开亲密关系。这也给了我们很好的借口和掩饰，我们工作忙碌到没有时间顾及我们的亲密关系。我们也会说"不工作拿什么生活啊""现在是拼事业的阶段"。

所以，在保护层中的一个表现是，我们通过大量的工作，或生活的忙碌，来避免亲密关系。在保护层中没有连接的另一个表现是，我们过度地渴求某人，或者急切需要爱情。

停止伪装，保持坦率和真实

需要注意，保护层在麻痹、关闭你当下对亲密关系的所有需求，以及你对身体的感知。

而你对亲密关系的一个需求是以健康的方式去感受你的情绪，可以用你能够处理的方式对待你的情绪。这样你便会觉察到你的念头，特别是在你感到恐惧的时候。

在亲密关系中，对于大多数人来说都非常有挑战，同时最重要的一点是：停止伪装，变得坦率且真实。

亲密关系中需要真实地对待自己。我们一直在尝试通过一段亲密关系来让父母开心；我们一直在尝试取悦我们的伴侣，让他们更爱自己。但很多时候，我们并没有全然地处于当下，并不知道我们是谁、我们想要什么、什么让我们感觉更好。

那么，在保护层中更深层的信念是什么？

比如，很多人都有"我不值得拥有一段快乐的亲密关系"的念头，这个念头源于许多不同的原因。但其中很重要的一点是，如果孩子看到自己的父母是不开心的，孩子会觉得自己的开心有可能会伤害到父母，所以孩子不允许自己开心，因为孩子不想伤害自己的父母。

当然，也没人想让自己的父母有一丁点儿难受的感觉。所以，我们用许多不同的方式来压抑自己的能量，并且让自己与真实的自我保持某种程度的分离。

我们尝试去面对自己的麻木与屏蔽感受的方式之一，就是创造一种梦幻生活。这样我们就可以创造"一段既完美又充满爱的关系"的幻象，或者一个近似于完美的爱人。

可是，这一点影响到我们什么呢？

当我们与他人遇见时，通过所谓的幻象纽带，我们期待着自己和对方的行为是一种浪漫的、近似于梦幻般的状态。也许刚开始我们可以做到这一点，但一段时间过后，生活的现实开始凌驾于幻象之上，由此，这个幻象开始瓦解，当瓦解发生时，那是极其痛苦的。

因为这给我们留下的感受是在爱情中失败。

事实上，我们在爱情中失败，我们在成为完美伴侣中失败，我们的伴侣也会在成为完美伴侣中失败。这份失望及挫败感对我们来说是非常痛苦的。我们失去了尝试去创造的"想象和感觉"，留下的却只有无助感与绝望感。

所以你要知道，在亲密关系中，你不需要给自己、你的伴侣，或想要拥有的关系模式任何幻象，以及不切实际的期待。

我们不是在寻找浪漫，我们是在寻找现实。当我们能够真正处于真实状态时，那就是一扇通往更深一层的爱与圆满的大门。但我们往往不愿意展现真实的自己，我们觉得自己的感受并不是都能被接受的。这就是为什么我们的旅程要从自爱、自我觉察和自我接纳开始。

我们看到媒体、电视和电影在展示浪漫，这在我们的内在种下了一份渴望，我们也渴望得到至死不渝的爱。不过，它传递给我们的是一个错误的观念，因为它呈现的理想画面几乎遥不可及。

如果我们没看到人们之间的亲密、平等和沟通，看到的只是自己在家中发生的不开心，以及电影中的不真实浪漫、遥不可及的理想爱情，我们就不会得到任何的支持。因为我们没有得到如何创造深情、长远且真实的亲密关系的实质性支持，所以我们经常陷入无助和绝望。

我要明确地给你指引，一步步地以非常实际的、有爱的方式前进，一步步地帮助你建立真实长久的亲密关系。这对我们每一个人来说都有可能。

No.3
什么是真正的亲密关系

什么是真正的亲密关系?

很显然,不是我们在电影中看到的样子,不是虚幻的浪漫想法,也不是我们在家庭中看到的工作关系、分居关系,以及冲突和吵架的关系。亲密关系,实际上意味着你有与伴侣以不同的方式分享自己的能力。

亲密关系中非常具有挑战性的一个理念是:为了让自己值得被爱,我们需要变得完美,变得更加优秀。

这种想法在很早以前就已经植入我们的大脑,比如,要做一个孝顺的女儿、优秀的学生、有出息的儿子。这种优秀意味着成功,近乎完美！

这些让自己变得优秀的期待，给我们带来了许多压力。显然，我们想取悦父母，所以我们想要变得优秀。但我们也在拒绝自身不符合"优秀"这个条件的任何部分，这导致了某种程度上的分裂。

你在尝试成为自己认为的那种可以被接纳的人，你也在尝试成为被爱的人。但大多数情况下，你并不是你所期待的自己。然后，你开始尝试掩盖"你不是"的这部分。当你这样做时，你就在"你本来如此"和"你尝试的""你想要的""你应该的"样子之间制造距离。

亲密关系是让你真正地成为你自己，不是让你成为理想的自己。真正地成为自己这一点很困难，因为我们总是认为，"我是不被爱的""我是不够完美的"。现在，我们需要从不同的角度来看待这一点，因为亲密关系会在"真正知道我是谁"中出现。

对于我们每一个人来说，这是一个巨大的挑战，因为长期以来我们一直都在尝试成为别人。

双方都可以做真实的自己

亲密关系是真实且安全的，你允许你的伴侣做自己，而伴侣也允许你做自己。你从一开始就放下"他（她）要做到什么"或"我要做到什么"的想法，然后你们两个会说："我想遇到现在的你，以及与向我展示一切的你连接。你向我表达你的恐惧，我也向你表达我的恐惧；你跟我诉说你的需求，我也会跟你表达我的需求。如果我们两个人可以共同创造一个安全的空间，一个欢迎却不批判我如我所是、你也如你所是的空间，我们就拥有了一个可共同成长且有意义的关系基础。"

如果你相信可以做自己，你并不需要做到完美，你就能以不同的方式与你的伴侣分享你自己。

你可以与伴侣分享你的想法、梦想、愿景和挑战；你可以向伴侣展示你的身体，比如抚摸，亲近一些。显而易见，身体部分也是关于性的部分。假如你不真实，想要隐藏，那么亲密的性爱关系就会变得非常困难且具有挑战性。

你也可以与伴侣分享你的情绪，分享你的感受，分享你的想法及理解事物的角度。同样，你也可以分享你的精神世界，比如让你深信不疑的是什么，你的心到底渴望着什么。

这些会给亲密关系带来生命力，让亲密关系变得鲜活。而不是两个要求完美的人不断地在尝试，然后总是感到挫败，感到羞愧。当我们感到羞愧时，我们就会孤立自己，掩藏自己。

现在，你不妨问问自己："我做什么才能让自己变得更加真诚，并愿意分享自己？"

这就需要一对伴侣共同建立一个约定，共同建立一个都不需要伪装的空间。我们都可以做真实的自己，这样我们两个人不仅可以变得更加快乐，也可以看到我们如何满足自己的需求。

在这样的基础上，即便关系中有冲突，你也会有很多资源去解决、处理好冲突。当然，每一段关系中都会有冲突，但问题往往不在冲突上，而在于如何处理它。你要有足够的勇气说出你在这段关系中想要的是什么。双方都带着好奇和兴趣去探索对方想要什么，并且一起商量如何共同创造并满足彼此的需求。

其中一个问题，你需要问问自己，也需要问问你的伴侣："我可以做什么，才能让你给予我想要的？"

做自己，并不会伤害他人

亲密关系是非常具有创造力的，是创造生活的一种美好方式。它是鲜活且流动的，不是看起来不错却死气沉沉的事情。不过建立亲密关系非常具有挑战性，因为我们非常恐惧自己是不被爱的。

当我们开始看到亲密关系及其背后的挑战，了解到亲密关系会在我们变得更加真实时产生，我们就是在面对从童年时期开始就一直背负的一个信念："如果我如实地做我自己，我会伤害到别人或让他人失望。"

当然，这只是一个信念，不是现实。因为爱只会在真实与诚实中绽放！当我们逐渐成年，我们便慢慢放下那些童年时期所抱持的信念，也就是说，我们开始质问自己的信念。

只要你没有咄咄逼人，没有报复和拒绝的行为，你是可以做自己的。这并不会让他人失望，也绝对不会伤害他人。

事实上，你也可以让别人变得更加自由地去做他们自己，让他们更充分地活在当下。这可能是一个巨大的挑战，甚至让你感到恐慌或危险。

对于大多数人来说，最不想伤害的人就是自己的父母。父母也会有他们自己的想法，比如应该如何思考、如何做，或者孩子应该选择一个什么样的伴侣。在这里，我们会看到，我们不需要一直唯命是从，我们在孝顺和关爱父母的同时，也可以找到一种满足我们个人生活的方式，尤其是在亲密关系中。

当我们开始困惑如何变得更加真实时，我们会辨别出那些不允许做自己，以及取悦他人的模式，其实那些都源自我们的童年时代。因为作为孩子，当我们的行为举止与父母的期待不相符时，我们经常会担心和思考：这是否会让父母失望？父母是否会因此生气或伤心？还是他们不会再爱我了？

这对于一个孩子来说是非常可怕的。所以为了避免这样的冲突，我们单纯地屏蔽了自己。

现在我们已经成年，也变得更加独立了，可能跟家人分开生活了，我们有权利、能力及方法重新审视自己。

练习：深层的滋养和满足

你可以运用你自己的创造性想象力，而不是幻象，同时找到一种舒服的身体姿势，并花点时间去观察与沉淀这个练习场域中讲到的全新的想法。

当我们开始以一种全新的角度去看待事物的时候，拥有全新的亲密关系是有可能的。

做几次深呼吸，你可以想象并将它视觉化呈现：对于你来说，一段健康的亲密关系是什么样的？

尝试想象你自己与别人分享你深层的想法和感受：这样的分享让你感觉舒服、开心吗？

然后想象你分享的那个人非常开心听到你的分享，他心里对你的表达是全然敞开的，观察这给你带来什么样的感受。

这可能会帮助你感到安全，感到被看见，以及帮助你打开你的心门。

之后想象一下，如果对方可以将你放到他的心中，向你展示他内心深处最温柔的感受和想法，全然在你面前呈现一个不同的自

反依赖：亲密关系的秘密

己，是多么美妙的一件事情。

再想象一下，对你而言，这会是什么样的感受？

这和你所尝试的伪装以及对方的伪装截然不同！

这种情况源自爱的滋养，真正的亲密关系是深层的滋养和满足。

感受一下你心中流经的那一股暖流，感受一下其实你有可能去分享自己的这种想法，让这股暖流成为一种轻柔的感觉回荡在你的心口。

这种感觉可以让麻木和神经肌肉锁结开始"融化"，让你重新有所感受。

做一个轻柔且深长的呼吸，让气流经你的心，随着你的呼气，让这股暖流和轻柔感从你的心口流出，流到那些也渴望真实，但是还没有勇气或者知识做到的人心中。

然后轻轻地睁开眼睛，感受这个轻柔的空间，回到我们的场域中来。

PART 2

识别亲密关系的两大模式

依赖者

〔为什么我们总是担心被抛弃〕

为了能够被爱或值得被爱，我们形成了"变得优秀"，甚至是"变得完美"这样的信念。但是我们从未询问过自己，当我们带着这些信念的时候，关系发生了什么变化？

依赖，是因为害怕被抛弃

我们一直在做的一件事是，不断地努力成为更优秀的人，有时甚至可能以控制伴侣的方式呈现出来。如果一个人感觉到被控制，这对于关系来说就是非常致命的。

如果冷静下来更深入地去看，我们会发现，我们不确定自己是否做得足够好，不确定自己是否可爱。这是内心深处的一种恐惧。

这种恐惧的核心就是一个底层的信念，"如果我不够好，另一半就会离开我"。这很可怕，我们都不希望孤独终老。在这种恐惧中，我们无法放松，因为我们永远都不知道像"另一半就会离开我"这样的事会在什么时候发生。

我们经常感到不安，然后经常问伴侣是否爱自己。我们开始变得疑神疑鬼：或许他爱上了别人？他会告诉我吗？我们无法在内心深处停歇下来，因为这个"我不够好"的信念从很多方面来看，都意味着我们不信任自己。

这也揭示了一个更深的层面：为了让自己安心，我们不断地在他人身上找答案或者反馈。而当没有得到反馈时，我们就会陷入恐惧。

在这种情况下，生活中的关系是什么样的呢？我们变得非常苛求和依赖。我们经常问自己的伴侣：你爱我吗？你还爱我吗？

如果在一段新的关系中，你说"告诉我你爱我"，你的伴侣可能会跟你说"我爱你"。一段时间之后，你又开始有不安全感，再次跟你的伴侣确认"你是否爱我"，你的伴侣可能会告诉你："我没有办法一直告诉你'我爱你'，你到底要我做什么才能相信我爱你?"

这种不安全感是非常强大的,无论我们在外在得到什么样的答案,似乎都无法化解。这种深层的不安全感源于内在,我们无法让自己冷静下来,并且产生依赖。

而这种依赖制造了一种焦虑的状态,一种随时随地恐惧的状态,让我们觉得自己所需要、所爱的伴侣可能某一天因为某些事情会离开我们,或者对方会生病。

最糟糕的情况是,我们觉得伴侣随时可能会遇到别人。我们一直在监视着我们的伴侣、跟踪我们的伴侣,一旦对方不在我们身边、不在我们的视线中,我们就会紧张。这叫作"被抛弃的恐惧"。

我们需要疗愈这种"被抛弃的恐惧"带来的伤痛,因为它是我们内在非常脆弱的一个部分。我们大多数人的依赖需求——希望得到安全感或不断确认——都源自我们的童年。

实际上,当我们触碰到被抛弃的感受时,是触碰到那个小时候的内在。即便我们拥有成年人的身体,但是意识还停留在孩童的阶段。

意识层面觉得如果失去父母的爱和父母给予的安全,我们可能就无法生存下来。基于此,当被抛弃的感受出现时,我们很容易陷入惊恐,因为我们会认为"没有你的确认,我不会得到你的爱,我可能无法生存,即便我生存下来,生命也是暗淡无光,毫无意义的"。

所以我们如同惊弓之鸟一般，非常焦虑，以至于我们习惯性地苛求或者控制他人。这在关系中是非常痛苦的，这会将伴侣越推越远。

当然，如果我们的伴侣离开了我们，需要寻求依赖的我们就会立刻觉得更加恐惧，然后更努力地去确定自己与对方之间的连接。

我们需要了解，我们其实正在面对一种非常严重的情况：一个人非常努力地想要跟某人有连接，而对方却渐行渐远。

很少有人愿意谈及这一点，如果我们愿意，如果我们可以找到这些焦虑、恐惧的原因，那会容易很多。我们做不到，是因为我们一直将这样的感觉推到无意识的深渊之中，以至于当这种情况发生时，我们都不清楚到底是什么原因导致的。而我们无法承担这种惊恐，就如同受惊吓的孩子没有得到食物和空气一般，我们需要拥有对方才能存活下来。

依赖者渴望被爱，却难以接纳爱

关系中有两大模式，其中之一是依赖者模式。

我们先来看看关系中的依赖者。

关系中的依赖者源自我们的保护层，了解这一点对我们来说会很有帮助。我们每一个人都在不同程度上有依赖的情况。这没有对与错，我们也不需要因为是关系中的依赖者感到羞愧。

依赖者模式是很多女性具有的模式。依赖者模式让很多女性十分相信连接感很深的亲密关系会让她们的人生幸福，如果她们没有这样的亲密关系，或是她们曾经拥有过，而现在失去了，那么生命就失去了意义。

从这个角度来看，依赖者全然专注于爱，全然专注于关系。换言之，关系就是依赖者人生中最重要的一件事情，他们为这样的爱而活，他们的生命就是由这份爱喂养的。可以想象，他们感到恐惧，并想到可能会失去爱的时候，他们就像被推入极其惊恐的空间，因为如果没有爱，那就没有生命，没有喜悦。

依赖者是向外寻找一切，他们觉得爱是从外在得到的。他们从来都没有这样的概念——他们一直寻找的爱在他们的内在。

当我们开始为此寻找解决办法的时候，我们会想：一个依赖者如何在自己的内在找到爱呢？

依赖者就是一个缺乏爱或者说缺乏足够的爱的孩子，在对爱的无尽渴求中长大。但也有很奇怪的一点——许多时候依赖者得到爱之后，却很难接纳这份爱。这是因为依赖者会有一种"我不值得拥有"的感觉，这让他的情况更加复杂。

依赖者会不断地向伴侣要求和争取他们需要的爱，一旦得到了这份爱，他们又开始进入自我意识的神经肌肉锁结状态。事实上，他们没有办法真正地接纳这份爱，就像饥饿的孩子无法进食一样。因为这触碰到他们内心比依赖更深层的部分——"我自己不够好"的信念。这是非常难以疗愈的。因为在无意识运作时，疗愈难以发生。但当我们觉察到了这一点，疗愈就会变得简单。

而这种无意识的运作是一种强大的自我伤害的方式。因为依赖者会无意识地选择那些会拒绝自己的人，因为从某种程度上这匹配了他们的深层信念——"我不值得被爱"。

所以我们需要看到，如果我们想要从根本上转变我们外在的关系，我们需要在内在转化。这种内在转化从改变自己的负面信念系统开始。

如何摆脱被抛弃感

那么，依赖者模式到底源自哪里？它可能来自被抛弃感。

孩子出生之后，许多时候父母忙于工作，由爷爷奶奶、外公外婆或者亲戚来照顾孩子。即便照顾者都非常喜欢这个孩子，但是孩子第一个情绪上的连接还是与自己父母的连接。

如果父母在孩子很小的时候就离开，即便有恰当的原因，对孩子来说也是非常难以理解的。这种情况下，孩子的感觉是怎样的呢？他感觉自己被抛弃了——自己所爱的、所需要的父母离开了自己，可能只有在周末才能相见。

如果孩子不和父母住在一起，他可能就会觉得"如果我更加可爱的话，爸爸妈妈就会在我身边陪着我了"。孩子会将一切原因都归咎到自己身上，因为还不知道如何建立界限。

可见，如果父母缺位，即便有恰当的原因，孩子所收到的信息仍然会是"我们没有和你在一起，是因为你不值得让我们和你在一起"。而这个信息往往会深深地植入孩子的内心。

还有一种情况：孩子和父母住在一起，但是父母有很大的压力，或者父母之间的关系发生了问题，没能给予孩子本应该得到的关注度。这种关注度的匮乏也是抛弃的一种形式。

每一种被抛弃的背后，我们都会觉得一定是自己哪里不够好才导致的，这也证明了自己不够优秀，或者不够可爱，所以我们一直在心里背负着这种被抛弃的感觉。

即便一段关系正处于顺利的阶段，这种感觉也往往如同阴影一般，跟随在后。一旦我们的伴侣没空或者正忙于工作，或没有足够的时间陪伴我们，给我们足够的关注度，这阴影就会笼罩我们的场域，从而让我们感觉到痛苦、愤怒和受伤害。这也会触发我们生命中所累积下的被抛弃的伤痛。

这可能会变成我们无法承载的一种紧张能量，所以我们要去了解这些伤痛，了解这些伤痛是从何而来。

我们最好对伴侣诉说这些伤痛背后的故事，让伴侣了解我们，同时我们也要理解伴侣。这是一种有效的策略，可以帮助我们有效地表达自己的感受。这样，我们就不会感觉到压抑，也不会用负面的方式表达出来，这样才能将被抛弃感胁迫着的情绪上的安全感解放出来。

No.2

反依赖者

〔为什么我们总是在爱中失去自由〕

我们每一个人的内心深处都有害怕失去自由的恐惧和害怕被控制、被操控的恐惧。我们来分析一下这背后的模式。

反依赖，是因为害怕被入侵

关系中的另一大模式，是与依赖者模式相反的反依赖者模式。

反依赖者是非常恐惧亲密关系的，有些人一旦和某人过于亲密，或者开始拥有亲密关系时，就感觉受到了威胁。

他们如何面对这一点呢？他们开始隔离。即便他们嘴上不说，但是他们一旦与他人开始亲近，下一秒就会想消失。他们的防御系统开始启动，不顾一切地想远离他人，独自一人。

大多数情况下，反依赖者非常重视他们的自由，害怕被入侵。与依赖者相反，他们很少专注在关系中，他们不相信通过别人的爱可以解决自己的问题。

他们感觉自己需要自主权。他们需要有自己完整的人生，比如有自己的项目、工作，甚至是精神生活。他们喜欢运动，喜欢旅行。

反依赖者害怕一段关系中有太多的要求，害怕他们亲近的人的需求远超出他们所能给予的。

和一个人在一起，他们便觉得自己有义务，以至于他们经常要做许多让自己感到不舒服的事情，这让他们感觉自己在背叛自己。所以，亲密关系对他们来说是具有威胁性的。同时，他们又不想伤害任何人。

一旦他们觉得自己有义务要出现，或者承担某种责任并不断地给予，自然地，他们就会关闭自己的内在。他们感觉到怨恨和愤怒，却也无从表达，因为他们觉得这样的情绪是不好的。

反依赖者的一大特征就是冷漠，即便他们身体和你一起在这个当下，但是他们的情绪和精神世界可能都不在。依赖者对这样的情况非常敏感，即便伴侣在身边，他们也能感觉到伴侣的心不在焉，从而开始一系列精神上的挣扎。

反依赖者的一个问题是，他们没有意识到自己的退缩、无连接、冷漠，以及在某种程度上的游离。他们毫无感知，反而会说："你的问题是什么？我在这儿啊。"

反依赖者容易出轨

很明显，反依赖者的产生有一个很深的根源：在成长中与父母没有良好的亲密关系。

一种典型的、常见的情况是：一个男孩在家庭的亲密关系中有缺失，有鸿沟。导致这一点的原因，可能是父母之间关系不好，可能是父亲不在家，可能是男孩需要照顾自己的母亲。

比如，母亲可能需要儿子的照顾，让儿子来做自己的"伴侣"。母亲从心理层面让儿子来替代自己伴侣的角色，儿子就要关注母亲的这种需求。

有时母亲的需求不仅仅是需求本身，而可能转变成愤怒，然后矛头转向男孩，让他无法对抗。这个男孩不仅替代了母亲伴侣的角色，还要照顾好母亲情绪上的需求。

当这种情况发生在这个男孩身上时，他别无选择，唯一能做的就是接纳自己的母亲，关闭自己内在的情绪。

当这个男孩长大成人，遇到自己心仪的女性后，哪怕感受到一丁点儿对方的需求，他往往就会大发雷霆或者暴怒，将所有原本应该发泄却又不能发泄给母亲的愤怒全盘转向自己的伴侣。

而这时，这个女性有权利提要求，因为这才是关系正常的样子。

但是，反依赖者恐惧别人对他们的任何需求。这导致反依赖者在心理上进入到极大的压力状态中。一般来说，这时反依赖者会怎么做呢？他们会进入回避模式，或者保持距离模式。

比如，男性反依赖者经常会工作到深夜，因为这样才能避免和妻子之间的亲密关系，他们希望尽可能地减少和妻子在一起的时间。

这也是反依赖者容易有出轨情况的一个原因。反依赖者不想负责任，他们希望可以保持在自己的规则里。他们一般会有许多不同情况的外遇关系。

反依赖者有外遇很可能是母亲造成的。反依赖者喜欢有外遇，但并不希望谈及它，他们希望那些只属于自己。他们害怕去做，但又不得不去做的事，是处理对他人造成伤害的感受。

这对反依赖者来说是一种非常深的伤痛。反依赖者如果想要疗愈这种伤痛，就必须面对不舒服的真相，也就是面对与母亲之间的关系。这是极其痛苦的，因为即便他们照顾了母亲，他们还是会被母亲抛弃。

所以大多数情况下，伤痛变得很相似。被入侵和被抛弃是等同的。

在本质上，一个男孩被母亲的需求干预，同时还对母亲的情绪感到窒息，最终却被抛弃。除非他意识到自己内在所承载的一切，否则永远都不会理解为什么自己那么恐惧，为什么自己一直谋划疏离，或是愤怒，抑或逃避。

如何摆脱愤怒和内疚感

在许多关系中我们发现了有趣的一点，一般来说依赖者不与依赖者在一起，反依赖者不与反依赖者在一起。依赖者和反依赖者注定要相遇，即便这是最痛苦的情况。

当反依赖者和依赖者成为冲突的双方时，他们就会感觉一切毫无可能性。大多数情况下，他们的沟通会变得极其困难。从我的个人经验来说，这就是离婚开始的地方。但是我想真心地告诉你，这也是疗愈开始的地方。

当反依赖者和依赖者都陷在自己的模式中时，他们往往无法沟通，通常会开始争吵。反依赖者会推开依赖者，因为依赖者的需求太多了，他太爱控制了。而依赖者执着于向反依赖者提出各种要求，且不尊重对方的界限。因此情况会变得更加糟糕，情绪也不断地上升，最终没人知道该如何解决问题。这样的情况最终将导致分手或者离婚。

面对这种情况，我们其实不一定要用离婚来解决问题。这也是一个可以带来巨大改变的时刻，深刻的理解可以发生，从而让我们从自己的模式中脱离出来。

反依赖者模式非常难以打破，因为反依赖者常常陷在内疚和愤怒中出不来。

如果反依赖者不满足别人的需求（这里的"别人"对于孩子来说可能是母亲，对于成年人来说可能是恋人），而是跟随自己的感觉走，一段时间之后，他们会陷入无尽的内疚。因为即便在这个过程中他们拥有了自己的自由，也无法享受这份自由。他们是自由的，却不是内在的自由，他们的内在仍然背负着内疚的重担。

如果反依赖者开始对抗自己的母亲、伴侣和家庭，去做自己想做的事情，他们会得到自己的自由，但同时也会觉得很愧疚，无法真正享受这份自由。

相反，如果放弃自己的自由，他们就会在连自己都无法控制的、巨大的怨恨与愤怒之中挣扎。他们很愤怒，这种愤怒的根源是没有被爱的感觉，因为他们要放弃幼小的自己去照顾别人。无论是为自己的父母还是家庭，他们都做出了巨大的牺牲。所以他们的愤怒和冷漠会在亲密关系中浮现。

实际上，反依赖者面对亲密关系时会通过易怒、无情、隔阂、不屑一顾或冷漠等方式来表现他们最大的恐惧——如果再次敞开心扉，再次变得脆弱的话，那就会被控制、被虐待、被操控。所以他们想尽一切办法，运用各种疏离他人的技巧来保护自己。

就像前文提到的，其中一个非常有效的疏离技巧就是外遇。因为如果你有了外遇，你就不需要只依赖于某一个人，你可以到处留情。通常，这是男性在情绪疗愈和修复的道路上最大的问题之一。这不是一种容易改变的模式。

不过，从我多年来帮助别人疗愈的工作上来说，反依赖者还是有被疗愈的可能性的。我们找到了非常有效的方法。我们发现，当反依赖者感觉到没有被要求，而是被尊重时，他们的防御就开始融化，而且也愿意慢慢地进入亲密关系中。认识到这一点，有利于我们打破那些自我防御的模式。

我以前是一个依赖者，我和一个完全反依赖者结了婚，同样他也有我们前文提过的那些和母亲之间的问题。我小时候被父亲抛弃，他被他的母亲干预，但我们拥有完美的婚姻。

当我们可以与对方沟通这些问题，展现自己的伤痛和恐惧的时候，我们就学会了如何尊重彼此，停止触发对方的雷区，并且更加关心对方。当我们进入过往的模式中时，我们可以立刻辨别出当下的情况，花些时间来分享这背后的故事。

总之，依赖者需要在自己的内在找到一个可以自我安抚的空间，必须要打破强行与反依赖者保持连接的模式。而反依赖者需要意识到自己一直生活在屏障后面，这种隔阂不可能带来良好的亲密关系，他们需要一点点慢慢地尝试从屏障后面走出来，以更加诚实的方式面对自己的伴侣。

No.3
识别
〔快速找出自己的亲密模式〕

　　我们不再为如此的自己感到冲突。我们也不需要为自己是依赖者或是反依赖者感到羞耻。相反，我们可以很骄傲地说"我是依赖者"，或者骄傲地说"我是反依赖者"，甚至可以说"我两部分都有"。

　　事实上，我们每一个人都有些依赖者和反依赖者的特质。我们经常和什么类型的人在一起，从而相应的那一方面的性格就会出现。

　　比如"你是我的生命，你是我的阳光，生命中失去了你，就没有了任何意义，我甚至不能想象没有你的日子，你就是我的一切"，讲述着关于依赖者的故事。我们可以看到，关系中的依赖者是多么的正常，没有什么好羞耻的。

反依赖者更倾向于一切都是理想化状态。老鹰翱翔在天空，天空是属于它的，它属于整个宇宙。反依赖者很难专注在一个人身上，他们就像老鹰一样，需要张开翅膀，飞得更高。

非常重要的是：如果你是一个依赖者，你不要去评判你的伴侣是反依赖者的部分，也不要觉得你是对的对方是错的；如果你是一个反依赖者，你不要厌恶依赖者的需求，这会成为你们伤害彼此的原因。

我们无法选择自己的童年，而我们的模式都在童年时期形成。很多时候，我们聆听相关的音乐，如果会唱，可以跟着音乐一起唱，这是一种非常好的疗愈过程。如果我们评判事物、评判自己，或彼此品头论足，我们就会一直停留在这个卡点上。

依赖者和反依赖者的表现

为了让大家更容易理解，我带领大家做一个简单的练习。我会告诉大家一些有关依赖者及反依赖者的表现，以做参考。

让我们从依赖者开始。你说"我什么时候感觉到自己是依赖者"，依赖者的表现有：

1. 某天，我在你工作的时候三番五次打电话给你，我是依赖者，因为我突然之间感觉到孤独和焦虑，我感觉自己需要连接。当我有连接的时候，我才能冷静下来。

2. 当我一直拿着手机，不到两分钟就看一下手机的时候我是依赖者，只是以防万一你给我发信息，即便我不想让别人看到我做的一切。

3. 当我在等待你的信息时我是依赖者，无论你发来的是短信还是微信。

4. 当我一直不断地想你的时候我是依赖者，无论我在做什么，我总是会因为你而分心，你总是在我脑海中出现，我会不由自主地顾虑我们之间的关系。

5. 当我想要去偷看你的手机时我是依赖者，因为我要看看有没有别的女人给你发信息。

6. 当我在担心你是否找到喜欢的人时我是依赖者，或许你爱对方比爱我更多。

面对以上例子，很重要的一点是要诚实，你不妨看看有多少符合你自己，你不需要去想自己的形象，或者别人会如何评价你。

下面是反依赖者的表现：

1.当我内在惊慌时我是反依赖者，我想要逃避，因为我也不知道惊慌的原因。

2.当我突然之间感到窒息时我是反依赖者，因为我无法呼吸。

3.当我看到你在我工作时给我打了一两次电话的时候我是反依赖者，因为我只想关掉我的手机，不想与你交谈。

4.当我因为你对我的需求过多而愤怒时我是反依赖者，因为我感觉无论我做什么都是不够的。

5.当我意识到你的行为和我母亲对待我的方式一样时我是反依赖者，因为我害怕被入侵。

你一定要敞开你自己，以轻松好玩的方式来做这个小练习，因为这样你才能感受到这些不同的空间，在你的内在体会不同的心情及不同的情绪。

希望你从这个小练习中得到一些美好的洞见。这也是一个可以和伴侣分享的非常美妙的练习，因为这是对依赖者和反依赖者而言都敞开的方式，而不是抱怨和攻击对方。

从父母那里找找答案

实际上，我们还可以进入得更深一些。我们将会看到，我们与父母之间的沟通如何导致依赖者和反依赖者模式的形成。

举一个例子，我的父亲是一名医生，他的工作非常忙碌，而且父亲也非常努力。我不常见到父亲，所以很想念他。我希望可以和父亲相处的时间多一些，因此，每次父亲下班回来时我都会冲过去，但我发现，这样会让父亲有压力，因为他也需要一些属于自己的空间。

我当时感受到被拒绝，之后我理解了这是父亲工作中的天性。但是作为一个孩子，我只知道我非常想念我的父亲。我和父亲之前的关系，其实就是我和男人之间的关系。我的依赖者模式开始形成，而且是一种有趣的模式，因为我总是选择那些不合适的人。

假如房间里有 20 个男人，其中 19 个都是合适的选择，即便我戴着眼罩，我还是能找到那个不合适的人，因为忙碌没空的父亲模式已经刻画在我的意识里。

我和母亲之间则是完全相反的。我的母亲全然专注在我身上，她观察我、监督我，并干扰我。我感觉自己就是她的财产，在她身边我感觉无法呼吸，没有任何空间。她过度地专注在我身上，以至于我会愤怒甚至反抗。我唯一想做的事情就是将她推开，然后给自己一点空间。

重点是，你要回顾你的童年，然后询问自己：

- 我在和母亲的关系中学到了什么模式？这种模式是如何形成

的？它是如何塑造我的？

• 我在和父亲的关系中学到了什么模式？这种模式如今在我的成年关系中如何影响着我？

我们从与父母的互动中学习到了这些模式，然后我们在成年生活中一直带着这些模式，我们只是以更聪明的方式在重复着一样的模式。

但是如果我们开始串联这一切，看到我们是如何学会这些模式的，看到我们是如何让这些模式与现在的生活重新连接、重新结合的，我们就能真正找到自由的道路。

还有另一种可能性，你不妨也问问自己：

• 我从父母如何对待彼此的行为中学到了什么？

比如，你有一对经常吵架的父母，作为孩子的你可能会说"我不要与任何人亲密，因为我不想和别人吵架"，所以你就会选择规避。

再如，你有一对离婚的父母，你可能说"我永远都不要离婚，所以我要找一个白头到老的人"或者"我不要和任何人亲近，以免我们未来会离婚"。

许多人都知道，父母离异家庭带给孩子非常巨大的影响——让孩子在成年关系中有许多不安全感以及恐惧。父母离婚真的干扰了孩子的生活以及他们的情感。因为父母不但分开了，他们往往还会让孩子选择爱谁更多一些，甚至利用孩子来和对方抗衡。

我们觉察到，我们回忆过去，即便是回忆那些我们意识中尝试抹除的痛苦记忆，我们也可以带着勇气谈论这些故事，然后向自己感觉安心和信任的人诉说。

这样，我们才能得到自由，我们疗愈的过程才真正开始。如果我们将所有的想法、记忆和感觉都隐藏起来，如果我们将伤痛继续埋在自己的内心，那就会更加难以疗愈。并且，我们会一直重复过去和伤痛，我们会一直在伴侣关系中循环同样的伤痛。

所以我们要带着勇气去分享，这会给我们带来释放。

No.4

疗愈

〔拥有安全的边界可打破固有模式〕

我们看到了亲密关系中的两大模式，明白了模式的起因，以及我们是如何被这些模式影响的。现在我们来看看，我们如何更好地进行疗愈。

练习：我们可以拥有安全边界

这是一个让我们感觉安全并拥有自己界限的练习，帮助我们在进入更深空间的时候，承载住不同的能量和情绪。

请你将双手放在一起。不是双手合十，而是双手的指尖轻轻地触碰在一起。

然后，感受你左手的指尖与右手的指尖相遇。

如果你感觉可以的话，请闭上眼睛，轻柔地保持双手的姿势。

这是一个给予自己空间，以及可以抱持住自己的姿势。

这个练习对于依赖者来说非常重要，可以带给依赖者无穷的资源以抱持住自己，帮助依赖者与自己的"恐惧和焦虑时刻"待在一起，而不是当恐惧和焦虑升起时，立刻要找人来安抚自己的情绪。

对于反依赖者来说，这个练习可以让你感觉到安全，你可以处在一个属于自己的空间里，不需要觉得要尽责任去照顾他人。

所以无论你是依赖者还是反依赖者，请与我们一起来做这个练习。在做这个练习的过程中，你会感觉到你的整个神经系统进入一种非常平静的状态中。

当你这样做的时候，我希望你是坐着的姿势。

让自己的双脚轻放在地面上，给予自己脚踏实地的感觉。

当你感受你双脚与地面更深入地连接时，你得到了一个安全、平静且稳定的空间，一个可以抱持自己感受的内在空间。

这是一种非常重要的疗愈方法，尤其是对依赖者来说，这是改变自身想要通过找别人，逾越对方界限来寻求自我安全感的方法。

而反依赖者是非常敏感的，如果他们能感觉到自己的界限是被尊重的，他们就会打开自己的心准备与他人连接。反依赖者非常注重被尊重，所以保持你双手的姿势。

保持双手的姿势，请做一个非常深长且缓慢的呼吸。

让自己的整个身体融化，让自己变得放松和柔软。

现在，你已经冷静下来，也允许自己感受到，其实你有能力抱持和承载自己的能量。

练习：内心最柔软的地方，是疗愈开始的地方

我们做一个非常简单的呼吸练习：吸气的时候，将双手从腹部上移至胸口；呼气的时候，将双手从胸口下移至丹田。我们一起来缓慢地做。

吸气，感觉自己吸入了许多美好的能量。

然后呼气，让自己的恐惧和压力全部呼出。

缓慢地进行呼吸。吸气，升起你的双手，然后换一个方向，呼气。

现在，花点时间来感受自己的节奏。我们所有人都一起来做！

在呼气的时候，轻轻地发出一点点声音，比如"哈"，并轻微地张开嘴巴。

当你在呼吸的时候，你自己会变得柔软、轻柔，卸下所有坚强的防御。

这对于反依赖者来说，是特别棒的一个呼吸练习。反依赖者为保护自己而建立的那堵"墙"会开始变得柔软。

你会观察到自己的头脑开始变得柔软，身体开始变得轻柔，所有的一切开始都变得温和。允许自己变得温柔并且被接纳，这在亲密关系中是非常重要的。特别是对于反依赖者来说，尤其要注意这一点。

让自己在平静中停留片刻，在这个空间里感受当下的自己。

现在，我希望你开始能够感受到自己更深层的那个空间，无论你是依赖者还是反依赖者。

当我们停留在自己的模式中，我们就是处在有保护层的状态中。当我们放松时，我们同时也进入自己的内心深处，这也是我们疗愈开始的地方。

在内心深处的这个地方，我们一直都是完美的，也终将完美。

这个地方我们称作"自然真我"。在这里我们不需要变得不同。我们需要放慢脚步来寻找这个地方，这个最深入、最安静、最柔软的地方。

我们每一个人都有这样一个空间，与我们是依赖者还是反依赖者无关。在这里我们的疗愈才开始真正起效，花点时间，我们都可以触及自己内在的宁静和安然。

这个练习会将你从有保护层的空间中，一步一步地带到"自然真我"当中。

你可以闭上眼睛，慢慢地将注意力带回到自己内在的柔软与温柔中。

如果你是依赖者，需要意识到，其实你的内在不是空虚和匮乏的，你的内在有一个充满鲜活能量的空间，一个无边无际、温暖、安全的空间。

你可以在这个内在空间中放松，恐慌能在深层的接纳和安全的空间被抱持。

你可以和你内在受惊吓的小孩做朋友，并且告诉他："我在这里陪着你，我是那个成年的自己、那个正在观察的自己，我在这里陪着孩童的自己、受到惊吓的自己。我永远都不会离开你，我是内在真实的自己。我在这里，我看见你，我关心你，我会照顾你。"

当你开始柔软的时候，你的模式不会立刻拉扯你去寻求别人的关注。

这个时候，如果你是反依赖者，你也会开始感受到安全。

你可以做一个深呼吸，你知道自己不再被干预。

你是非常敏感的。你开始感受到空间，感受到呼吸，那个逃离、受到惊吓的自己开始变得柔软。

在这样的时刻里，你可能有史以来第一次，也想要感受亲密关系，而不需要一直逃离亲密关系。

一个美好的空间出现了，让我们将双手的指尖相对，记住这样的时刻，让这个美好的空间可以保存下来。

再次做一个深呼吸，慢慢睁开眼睛，回到当下。

在这个非常轻柔的时刻，一个美好的空间被创造出来。在这个空间中，两种强大的模式开始柔软地放松下来。

感受这样的时刻，依赖者开始将专注力从反依赖者身上带回到自己身上；反依赖者开始感觉到安全，并且处在一个没有被入侵的世界中。

这个练习，帮助我们深刻地感受这个美好的空间，意识到我们已经开始疗愈自己的过程。随着这趟旅程的深入，一切会变得越来越美好。

PART 3

做好亲密关系的多种情绪管理

No.1

理解愤怒

〔愤怒是为了保持独立和学会分离〕

在亲密关系中，情绪表达是最基本的一种能力。本节我们来探讨愤怒。

父母的控制欲，让孩子爆发愤怒

父母总是缺位或过度干涉，这对孩子的影响是巨大的。

孩子没有得到本该得到的关注和关爱，比如孩子很需要父亲的爱，但是父亲总是缺位——

父亲需要经常出差，时常不在家；父亲需要大量的时间处理与不同人之间的关系，比如父亲需要照顾自己的父母，或者需要照顾感到孤独和沮丧的妻子；父亲需要花费大量的时间和精力在事业上，完全没有属于自己的空间，一直在压力下，也没有闲暇的时间……

而作为孩子，我们不理解父亲不在身边的原因，我们只知道父亲不在自己的身边。

长此以往，我们开始觉得羞愧，觉得自己没有父母，自己是不可爱的。实际上，我们感觉到的是无穷的愤怒。因为一个人每次感觉到自己被抛弃，对此的第一反应就是愤怒。

假如孩子想要表达这种愤怒，那就会带来巨大的问题，因为这种愤怒一直被压抑着。如果孩子能感受到与父母的冲突，那么这种愤怒就会更加激烈。

另外，孩子对父母感到愤怒，这里的"父母"一般来说是指对孩子有掌控性的父母，并且大多数情况下是指有掌控性的母亲。比如，母亲在生活中缺乏与父亲的连接，她会将孩子作为自己的一部分。她没有把孩子看作独立的个体，而是觉得孩子就是她自己延伸的一部分。

这样的母亲会变得过度干预孩子的生活——情绪上的干预，评论孩子的打扮、孩子的行为等。有的时候还非常极端，比如有一种叫作"妈妈觉得你冷"，即便孩子不觉得冷，母亲也要强迫孩子穿件外套，因为她看不到自己和孩子是两个独立的个体。

这种不健康的情况，让孩子感受不到一点尊重。孩子感受到不被尊重或者被抛弃的时候，就会变得非常暴躁、愤怒，控制不住这种愤怒，于是就会表达出来。

孩子为维护独立和学会分离，最终会爆发愤怒，用愤怒来反抗父母。但是爆发后，他们又会立刻感到无限的恐惧，因为他们害怕与父母疏离——把父母推开，被抛弃的恐惧再现。

这就是：我将你推开，而我需要你的时候你不在，我身边没有你，我感到惊恐，我既恨你又需要你。这是一种极端的依赖者情况。

我恨你，但我又需要你，这是最深的一种心理纠缠。

陷入"愤怒—惊恐—内疚"模式

作为孩子，我们会愤怒，然后惊恐，再进入内疚，最后又将自己变得渺小，成为受害者。因为我们还没有能力去建立自我，建立自我也需要很长时间。

感觉是受害者，感觉被干预、被抛弃、不被重视和被操控，会慢慢成为我们的一种习惯。但最终我们一定无法承受，从而导致愤怒情绪爆发。

我们的愤怒会让父母心寒，当然，他们也不能完全理解我们的愤怒。当我们看到父母的失望，或面对失去他们的爱的威胁时，我们会极其恐慌。

失去自己最需要的人的恐慌，威力无比巨大，于是我们立即和父母道歉，然后感到极度内疚，并且评判自己——我觉得自己做错了，我不理解自己的行为，我被自己威胁。然后，我们又开始变得渺小，再加倍努力成为孝顺的儿女，直到下一次愤怒情绪的爆发。

这种循环就是这样被创造出来的，而且这种模式非常密集。即便是我们自己，好像也不太能理解愤怒带来的冲突感觉，我们觉得需要独立出来。但往往四五分钟之后，我们又需要父母的爱给予的安全感。如果没有这份安全感，我们就会觉得生不如死。

这种敌对的依赖者情况，最终成为我们成年关系中的蓝图模板。在童年建立的这种模式，我们往往会将它带入我们的成年关系中，并继续这种循环。

我们抗争，想要独立，然后因为害怕孤独而惊恐，之后我们感觉自己摧毁了最宝贵的东西，最终陷入内疚……这是很可怕的情况。

这种因害怕孤独而带来的惊恐，让我们知道自己的渺小，知道自己还不够强大，还没有强大到可以一个人生存下来。父母成为我们需要的全能父母，我们变成了受惊吓的孩子，然后一直在受害者和愤怒的成年人之间摆荡。

对这背后的原因，我们一无所知。我们只是带着这种模式继续我们的成年生活。我们想要反抗或控制我们的伴侣，想要反抗婚姻中没有自由的结构，然后我们爆发，之后陷入恐慌。我们会想："天啊！看看我又做了什么！我又推开了爱我的人。"为此，我们感到愧疚不已，然后再回头，尝试弥补一切过错。但实际上我们的内在没有自爱，因为我们知道自己所有的行为都非常孩子气。

成为独立的人，无须通过极度愤怒

那么，如何打破这种可怕的模式呢？

首先，我们要了解，愤怒是一种正常的情绪。我们一直渴望成为独立的人，我们也需要成为独立的人，但成为独立的人不需要通过极度的愤怒。

每次我们在极度愤怒中的时候，我们都是在恐吓我们自己和他人，我们伤害了彼此之间的关系，所以在此，我们要理解自己的恐惧和需求。

除非我们真正地理解自己的恐惧和需求，不然我们只会用极端的情绪做出反应。反应之后，我们又会陷入内疚，并且还会为自己的所作所为感到极其羞愧，尤其羞于看到我们的需求。

其次，我们不能轻视与父母的关系对我们的影响，因为来自父母的爱是我们的第一份爱，在我们还小的时候，他们就是我们的全世界。当然，我们需要与父母分离，否则我们就难以成为独立的人。

分离的每一步都是垂死挣扎，这很痛苦。我们不知道如何以一种有爱的方式分离，每一步都会让我们伤心，每一步都会让我们心碎。

是的，从某种程度上来说心碎是必要的。但是我们需要理解，分离是我们成长为独立的个体非常自然的一步，无论其带来的反应有多么激烈。

如果我们不这么做，我们就会一直停留在"孩子"的阶段，似乎永远也长不大。这也是我在生活中经常看到的，我们不允许自己尝试着分离，成为独立的人并活出自己的人生。我们永远就像小男孩、小女孩一样，永远都不想成为有成熟情绪的成年人，这会在我们的关系中造成灾难。

因为，你如果带着孩子般的情绪状态进入一段关系中，就不会真正得到成熟的亲密关系。同样，你如果想做一个孩子的话，要么选择和另一个孩子气的人一起，就如同两个孩子在一起，这完全就是一场灾难；要么强迫你的伴侣做一个成年人，那么你的伴侣就会迁怒于你，因为对方完全感觉不到自己找到了一个可以分享自己生活的平等伴侣。这是造成出轨的一个重要原因。

你的伴侣在家里会得到什么？他在家里得到的就是另一个孩子

啊，需要他照顾的是一天温柔一天粗暴的孩子，这对他来说是一个不可能正常运作的情况。于是，双方会不断争吵。

我们还需要看到另一点：一个父母总是吵架的家庭环境对孩子成长的影响。这对于孩子来说是毁灭性的。孩子都希望自己的父母是爱彼此的，当看到父母吵架的时候，他会有无穷的恐惧和不安全感。这会让孩子想要帮助父母重归于好，也迫使孩子成为一个"成年人"。

父母吵架的时候，这两个成年人都变得像孩子一样，他们无法在一起，但也无法分开，他们不断地吵架。孩子会觉得这种暴力仿佛是针对自己的，这会让孩子产生巨大的恐惧情绪。孩子感到非常惊吓，在父母的暴力中成为第二受害者。

在亲密关系的恐惧和害怕中成长的孩子，他们观察到的亲密关系是可以瞬间变成暴力的关系。

他们观察到成年人，比如父母，完全没有解决冲突的方法。他们没有看到自己的父母冷静地坐下来沟通，也没有看到自己的父母尝试去理解彼此的需求、痛苦和沮丧。

他们看到的是自己在童年时期体验的愤怒，以及一直压抑的情绪。他们成年后，与他人之间就会用最不友好的方式设立许多界限，也不在乎会给自己的孩子带来什么样的影响。

我不知道是否还有其他事情对于一个孩子来说会比这个更糟

糕：让孩子惊恐，给他带来不安全感。这会让孩子觉得一切都是自己的错，可能自己不是好孩子。

所以，父母经常吵架，孩子一生都在恐惧的状态中成长，这不会让他们在将来成为好的父母，只会成为同样有操控性的父母，成为非常被动、胆小的伴侣，无法表达自己的需求，不会展示自己的感受。这是非常不好的情况。

我们真的想告诉所有的年轻人：什么是愤怒？愤怒来自哪里？如何以一种健康的方式解决冲突问题，以便于不用一生都在重复？

我们是有能力做到的，我们要去了解感到愤怒本身是没问题的，本质上愤怒是一种很自然的情绪。

我们每一个人都想要被爱，想要独立，我们不想要被爱却无法独立，或独立又无法被爱。这个内在冲突就是我们要解决的。健康关系的美妙之处就在于，解决我们独立的需求和亲密的需求。

换而言之，我们需要一些界限的保护，特别是在侵略性的状况下。但是，在需要保护层的同时也需要连接，这两者我们都需要。这就是我们将要帮助你获得的，所以你不需要一直去重复你父母之前的一些错误行为。父母的争吵，以及父母与孩子之间的冲突，是一直都有的，基本上每一种文化中都会有这样的冲突，这很正常。

我们想带给你的是，我们每个人都可以找到一种有效的方法去理解自己愤怒的背后到底是什么。这样我们就不会卡在"愤怒—惊恐—内疚"的循环之中，我们就可以有足够的理解——知道这背后到底在发生着什么，以及我们真正的需求是什么，并采取有效的方法处理愤怒。

No.2

合理期待

〔不再逃避或隐忍你对亲密的需求〕

我们很多人从童年时期就一直背负着复杂的恐惧和需求。如同我们说的被干预和被控制一样，我们害怕被孤立、得不到支持，以及别人满足不了我们的必要的需求，等等。我们一直背负着这种复杂的恐惧。

需求扭曲：放大需求 vs 缩小需求

我们大多数人难以得到自己所需要的，或者是别人没有以我们需要的方式满足我们。我们得到的往往是别人想要强加给我们的，并不是我们自己真正需求的。

比如，我们需要教育的支持，除得到教育的支持之外，我们还会得到许多压力，以及像"如果你不够优秀，就不会得到爱"这样的"威胁"。

我们进入成年关系后，我们是如此不信任自己。我们有太多没有解决的问题，比如"我能做什么""我不能做什么""我做什么才不会让别人失望""我做什么才能让我感觉到我在过我自己的人生"。这其中存在很深的冲突。

我们还是孩子的时候，我们往往难以尊重自己的需求，我们会成为和自己的需求有非常扭曲关系的人。造成这种扭曲的原因之一是，我们可能觉得自己需要为此感到饥渴甚至绝望。

我们一直张嘴等待着乳汁来喂饱自己，因为我们唯一能连接到的就是巨大饥饿感中的空虚感。所以，当我们在寻找伴侣的时候，我们没有看到另一个独立的个体。我们看到的是这个人的某个部分，希望可以通过这个部分来满足我们的需求。对于依赖者来说，这是特别真实的。

当然，反依赖者也有自己的需求，但他们的需求大多数是稳定性和平静，是与别人以轻松的方式建立连接。

反依赖者一般是在照顾别人，他们难以觉察到自己的需求。他们经常说服自己："我不需要别人为我做任何事情。"这也是为什么他们那么喜欢独自一人。

可见，需求的扭曲，要么是我们放大自己的需求变得过度渴求，要么是我们缩小自己的需求尝试自己完成一切。如果是后面这种情况，我们往往就会认为自己不需要找另一半。因为我们还是孩子的时候，没有得到自己应该得到的东西，原本应该照顾我们的父母反而由我们来照顾。

依赖者要认识到"我可以照顾自己"

对于依赖者来说，他们需要将自己的需求带到自己面前，并看到自己其实可以照顾自己，不需要像孩子一样，让别人来满足他们的所有需求。

依赖者往往充满渴求，比较空虚，必须要别人来满足他们。他们认为，别人会满足他们的一切需求。这就像是一种自我催眠的状态。所以，依赖者通常会用命令的口气来要求对方，比如"你必须给我，如果你爱我，你就满足我，如果你不满足我，我就会非常失望"。

依赖者真的会这样，他们会因为自己的需求而变得非常有侵略性，会去要求对方。如果他们没有得到自己想要的事物，他们就可能变得非常暴力，甚至报复别人。可见，依赖者会从所谓的"受害者"或"渴求者",变成极其霸道和有破坏性的人。

这也是依赖者让反依赖者感到非常害怕的部分。反依赖者非常敏感,即便依赖者一开始非常讨人喜欢,但慢慢地,他们就会知道在依赖者友好的背后藏着的是:掌控力极强,会因为拒绝而愤怒,喜欢证明自己才是对的。

于是,反依赖者非常害怕和依赖者在一起,因为他们知道如果让依赖者失望,那么之前甜蜜可爱的依赖者就会变得极具破坏力,甚至有些暴力。大多数的关系都会在暴力中结束,生活中有许多这样的例子。

依赖者必须从自己的催眠状态中抽离出来。因为这种催眠状态给了他们一种信念,让依赖者觉得是生活亏欠了他们,他们的伴侣或者任何一个人都需要满足他们。事实上,没有人需要给别人任何事物。

你有这种理所应当的需求,或要这种"你必须给予我,不然我就让你的生命苦不堪言"的权利,这很可能是作为依赖者的你,从自己父母那里携带过来的。这是一个孩子需要的空间,也是亲密关系最大的毁灭者。

实际上,我们彼此的相遇不是为了满足对方。我们需要摆脱许多信念,以及从许多执迷中走出来。告诉你一个好消息,亲密关系当然是有可能发生的;但坏消息是,对此你必须要进行一点儿工作。

当然，这项工作不是尝试去改变你的伴侣。

很多依赖者往往觉得都是自己伴侣的问题。如果我告诉依赖者："也许你也有问题。"他们就会说："不是的，我已经准备好拥有一段亲密关系了，是我的伴侣害怕，他有问题，如果他能解决自己的问题，一切都没事了。"

我在这里想提醒一下依赖者：亲爱的，你可能也有一些问题。可惜，他们不想听到这一点。这就是依赖型的人需要认识到的，他们也给亲密关系带来了一些问题，即便他们认为自己是全然敞开的、准备好的，但实际上并不是。他们有太多的期待、太多的需求和太多的要求，但是他们自己做得太少了。

依赖者会看到自己一直在重复一种模式——一直不断地寻找最终会离开他们的人。这就是依赖者通常的结果，他们最大的噩梦就是被抛弃，但因为他们的需求太多，最终对方往往还是离开了他们。

依赖者一直在重复这一模式，也总是觉得自己是受害者，不断地质问：为什么发生在我身上？

所以依赖者的信念必须要转变，将自己从无助、对爱成瘾、过度要求和需求的状态中解脱出来。不过，这需要他们自己努力。

我多希望有一种神奇的药丸，今天你还是一个依赖者，你吃完这种药丸之后，明天一觉醒来就发现自己了悟了。

当然，最终还是有一些人稍微清醒一点儿，知道自己必须要做一些改变，或者必须要创造自己的现实。

依赖者不妨采取这样的解决方法：向后退一步，不要一直把问题的矛头对向别人。如果依赖者想要停止强迫性的和沉迷性的外求，他们就需要感受到内在的孤独。这就是他们疗愈的开始。我们知道这非常困难，因为没有人想体验孤独感。

我想告诉大家的是：当你开始在自己身上下功夫的时候，你就会开始变成一个开心的人，即便你感觉到痛苦，你也是一个开心着感觉到痛苦的人，不是一个不开心地感觉自己痛苦的人。

当你开始感觉到自己的痛苦时，你可以将专注力带回到自己身上，生活就会在一个正确的方向上。你如果不这么做，你就会一直不断地创造痛苦，并且得到更多更残忍的拒绝，直到你大彻大悟。

我以前就是这样的。我一直都在重复和不喜欢自己的人在一起，无论他们在哪里，我都追着他们跑。直到某一天，我突然意识到了一点：如果有人拒绝了你，就离开他们，不需要再追着他们；如果有人不喜欢你，那就接纳，将专注力带回到自己身上，开始爱自己，开始自我照顾。

当我开始这么做的时候，我拥有了不一样的能量——不再是将别人推开的需求的能量，而是将别人主动带到我身边的有爱的能量。这就是转化之后一定会发生的神奇力量。

反依赖者要认识到"我有需求并不可耻"

反依赖者同样也有自己的需求。这意味着他们真的需要亲密感，只是不需要过多的亲密感。他们需要一些亲密感和很多空间，不过他们不相信有人可以接纳他们的需求，所以他们往往会选择逃避。

反依赖者处理需求的旅程会更加艰难。因为对于反依赖者来说，有需求是一件非常可耻的事情，需求会让他们变得软弱无力，这是他们最不想看到的。一旦变得脆弱就有可能受伤，所以他们会树立一堵坚不可摧的"墙"来保护自己，隐藏自己的需求。

反依赖者开始看到自己实际上也需要与别人连接时，巨大的疗愈就会发生。这对于反依赖者来说是生命转化的重要时刻。

反依赖者要慢慢尝试不再逃避，不妨和自己的伴侣这样沟通："我想和你聊聊，我也需要连接，但不需要像你那么多的连接，这样可以吗？有没有一种方法让我们可以做到这样？我不想再逃避亲密关系，我害怕一生都没有人理解我。无论我给予多少都不够，所以我希望我们可以找到一种合适的方式，让你可以理解我对亲密关系的承受能力是低于你的，以及当我需要一个空间的时候我并不是要抛弃你，为此需要我们的共同努力。"

这种方法真的很有用，我和我的丈夫就运用了这种方法。我需要学习的是，他需要空间并不意味着他不爱我；他需要学习的是，他可以告诉我他什么时候有空陪我，什么时候没空陪我。

慢慢地，我们共同学会了如何一起面对困难，避免让他陷入两难的困境。现在我们的一切都很自然，因为我爱他并理解他，他也理解我。

我真心希望并鼓励反依赖者去冒险，去分享他们的需求，建立自己的界限。

总的来说，依赖者首先需要认识到他们自己也有问题。"自己没事，问题都来自别人"，这是依赖者最严重而又疯狂的信念。

反依赖者需要了解自己的需求是什么，要有勇气面对，要开始勇敢地表现自己的需求，而不是一味地逃离和隐藏亲密关系的需求。反依赖者往往深信自己对任何事物都没有权利，他们必须要去克服这种从父母（别人）那里满足需求带来的羞耻感。

直面恐惧

〔恐惧使深入连接成为可能〕

　　我们需要深入理解我们内心深处一直带有的恐惧。恐惧不是一个轻松的话题，长期以来，我们一直被教育不要害怕、不要展现或者谈论我们的恐惧。

　　我们往往有一种信念，如果谈论自己的恐惧，那就代表着软弱。我们要转变这种信念，这种信念的存在是亲密关系被屏蔽的真正原因。

　　理解什么是恐惧，并且知道自己害怕的是什么，这非常重要。我们需要找到一种跟恐惧有效沟通的方法。恐惧，从我们小时候起就一直在我们身边。这份恐惧在我们的原生家庭中出现，它不仅仅出现在我们的亲密关系中，在我们的成年关系中也一直存在着。

我想要告诉大家一个事实：无论是依赖者还是反依赖者都会有恐惧。我们会看到依赖者的恐惧是什么、反依赖者的恐惧是什么，并且发现他们之间真的很相似。

依赖者的恐惧：分离

依赖者在自己的内心深处有对孤独的强烈恐惧，他们感觉如果自己一个人，就无法存活。

这种恐惧也给他们带来极大的焦躁感和控制欲。这意味着依赖者与自己的内在没有一个深层的连接。依赖者一直向外寻找某个人或者某个事物来向他们保证，从而获得安全感。

这种情况在家庭中是如何呈现的呢？依赖者没有得到足够的安全感，可能孩童时期他们是在没有父母陪伴和关注的环境中成长，当时他们不敢向父母表达自己的伤感，即便父母回来了，他们也会担心父母什么时候又要离开，他们总是对分离有恐惧。可以说，依赖者心里的核心恐惧就是对分离的焦虑！

这种恐惧会让我们变得非常糟糕。比如，伴侣出去两小时，我们都会担心对方可能不会再回来了。而且不幸的是，我们从来都没有学习过如何去面对、处理自己的恐惧。

每当依赖者感受到这种恐惧时，他们会做什么呢？他们会立刻尝试去控制或找到别人，比如朋友、伴侣，然后抓住他们，从而让自己感到安全。

在有些家庭中，依赖者是父母中的一个，大部分时候可能是母亲。母亲经常感到无比孤独，而且没有任何地位；经常感到各种被孤立，即便是在她自己的娘家；或者经常担心自己不够好，丈夫会找另一个人来取代她的位置。所以，她自己无法冷静，没有信任感。

这种恐惧带来的结果就是不信任——不信任自己，不相信自己的价值，不相信有人愿意留在自己身边陪着自己，不相信他人离开后还会回来。

这对依赖者来说是非常痛苦的。于是，依赖者会极其紧张和焦虑，尝试通过控制来处理自己面临的所有情况。

当一个母亲是依赖者时，她会尝试控制自己的孩子。

孩子一天天地长大，变得更加自由，拥有自己的人生，这会让母亲感觉到非常恐慌。她可能都没有意识到自己害怕这一点，她只知道自己感觉到某些不舒服，她可能自己都不知道那是她的恐惧。

所以这个母亲便开始操控她的孩子，可能会对孩子说"你不能有你自己的生活，因为我需要你"，或者"你知道吗，外面的世界很危险，你最好和我待在一起"。有些人不止通过语言，甚至可能更加极端。

一个依赖者母亲如何使孩子没有自己的生活呢？她往往会利用孩子的内疚感，比如对孩子说："我为你做了一切，你不可以抛弃我。你需要和我待在一起，你需要给我打电话，你需要照顾我，因为如果没有你，我的人生就是完全不同的，但我为了你做了一切。"

你可以想象，这对于一个孩子来说是多么巨大的压力。作为孩子，他的能量被切断，以至于他无法前进，因为如果他继续过自己的生活，那就深深地伤害了他自己所爱的母亲。

这种情况会给孩子带来"惊吓"，孩子的能量被冻结了，他没有办法爱他的母亲，因为他自己不是自由的。同时，他感受到了巨大的义务和责任，这会让孩子变得非常愤怒。通常，这种非常糟糕的情况会让孩子开始进入叛逆期。

他知道这不对，他开始反抗，对母亲进行反击，但实际上无济于事。孩子的叛逆，其实只是让他的能量流失，因为即便他叛逆，母亲给他带来的内疚感也会击垮他，让他感受心碎，以至于让他无法相信自己的力量。可见，叛逆的孩子，在他的内在，他对自己的信任也在瓦解。

当你的内在正在被破坏，你也无法信任你自己，而内心又感觉非常冲突，这样的你是无法拥有亲密关系的。你内在是非常矛盾、非常困惑的，你以这样的状态进入亲密关系的时候，你会非常恐惧。

当一个妻子是依赖者时，她会尝试控制自己的丈夫。

她恐惧如果自己足够敞开，将自己交托给那个自己最需要的人，而那个人最终发现这段关系太累要离开，或者找一个更加漂亮、更加年轻、更有吸引力的人。

所以这个妻子进入亲密关系时，她会因为恐惧开始变得控制欲极强。她的控制，对她的丈夫具有侵略性。她会以非常不尊重的方式和丈夫沟通，她会直接或间接地发泄自己的情绪。

你肯定不想待在这样的人身边，因为她不是暴怒就是要求，或者是抱怨，或者攻击你。而这一切都源于她是个依赖者，她只是在尝试处理她自己的依赖而已。但这对你来说是非常困难的。

一个对自己绝望的依赖者，往往想让别人来为自己的快乐负责。当然，这是一个错误的想法。如果你让别人来为自己的快乐负责，那么你正在步入歧途，这不会给你带来幸福，只会给你带来冲突、反抗和不幸福。

所以依赖者需要逐渐意识，自己的期待摧毁了多少段关系，最终领悟到"我没有办法让别人来为我的人生和幸福负责"。当然，这种领悟不是轻易就可以得到的。

经常会出现这样的情况，依赖者妻子的控制如果在丈夫身上没有生效，她会转而尝试去控制孩子，试图让孩子感到内疚，从而永远都不会离开她，让孩子一直感觉需要对她负责。

反依赖：亲密关系的秘密

我观察到，当父母这样对待孩子时，孩子永远无法长大，他们只有成年人的身体，内在却完全还是孩子，他们没有办法像成年人一样反应、沟通。

当这些内在住着受伤的小孩的成年人开始一段关系时，他们会找到非常糟糕的伴侣。他们在关系中经常会做出一些错误的选择。当他们开始为人父母的时候，他们不会成为好的父母，因为他们自己都没有长大。

在这里，我们想让你知道，长大意味着要开始为自己的人生负责，要开始为自己的幸福负责，并不意味着要拒绝别人。你的伴侣可以竭尽所能地给你其所能给予的，剩下的你必须自己做。

这是很现实的情况。你不需要争吵也不需要攻击，不需要升腾起报复性心理，或者运用各种方法让别人来负责。你需要开始对自己及伴侣变得真实。

你要理解这些，并且开始真实地对待你自己和你的父母。你同样要知道，和伴侣之间的相互坦诚并不是一种不尊敬。

反依赖者的恐惧：失去自己

同样，我们也需要看到反依赖者的恐惧：他们害怕失去自己。

如果一对父母真的过多地干预自己的孩子，就像将孩子的灵魂从他的身体里抽走一样。这对孩子来说是一种非常痛苦的失去感，就像失去了能让他做自己的那个部分。

不少父母不会尊重孩子的个体性，甚至没有这个概念。他们觉得孩子就是自己的延伸，无法看到孩子与他们是分离的，所以他们会对孩子做任何他们想做的事情，说任何他们想说的话。

对于反依赖者来说，这种被入侵的感觉及不尊重感是非常痛苦的。这就像一种虐待，或是一种死亡，对于他们来说是非常暴力的。所以反依赖者在任何情况下都非常反抗亲密，他们没有尊重亲密关系的想法，他们觉得亲密就意味着失去或者被剥夺，而且永远都拿不回来。

反依赖者常常像一只受惊吓的小猫，进入亲密关系时总是在张望：你今天是很友好，但你明天又问我要什么？我又要付出什么样的代价？

对于大多数的反依赖者来说，他们觉得为亲密关系付出的代价是不值得的。他们也不想这么做，因为失去自我，以及失去可以成为自我的这个自由，相比于没有亲密关系来说更加痛苦。他们通常会陷入避免亲密关系的催眠中。

很多时候，大多数反依赖者都不知道自己害怕的是什么。他们不知道自己的感觉，无法和自己的感觉连接。他们不知道是什么在入侵，甚至不知道从哪里开始，只是不想要靠得太近。他们在这方面有障碍。

他们的行为，让他们进入回避状态，这是他们的特长。他们知道如何从一个正在继续的事件中脱离出来，他们可以假装他们在这里，但实际上他们知道自己的心其实在十万八千里之外。因为在那里他们感觉到安全。如果他们真的爆发，他们的恐惧不仅仅是恐惧，实际上是极其恐怖。

我们经常会说，是孩子侵犯了他们的父母。就像父母突然之间在他们的收件箱里收到了一个病毒邮件，只是父母不知道这是侵犯，而管这种行为叫爱。

当然，反依赖者不相信爱，因为他们知道这种以爱命名的行为背后往往是"打劫"和"埋伏"。所以他们会说："非常感谢你，我们可以有关于爱的浪漫的所有梦想，但是我们没有办法在一起。我们会阻止所有要和我们亲近的人。"

对于反依赖者来说，一个主要策略就是不要全然地沉浸在一个人身上，因为那会变得非常危险。反依赖者就是想随时敞开大门，敞开无限的可能性，即便只是与别人调情，也会让他们感觉一切尽在掌控，没有人可以控制他们。

实际上，反依赖者可能从来都没有真实地对待过这一点（调情）。他们也做不到，因为控制的另一种方式就是保持神秘。别人不知道的部分是你的力量，他们知道的部分是你的脆弱。

所以反依赖者有两种生活，一种是一般意义上的生活，此外，也就是另一种，他们还有自己的秘密生活。秘密生活让他们感觉到安全。如果他们想进入一段感情，对于伴侣来说是非常困难的，因为他们的伴侣经常会觉得"你好像有什么没有告诉我"。

如果你是依赖者，你的神经系统非常"广阔"，你可以感受到反依赖者的神秘。但是如果你询问反依赖者这一点，他们会说："没有啊，都是你在瞎想，什么都没有。"实际上，反依赖者就是隐瞒了一些事情，从而让整个事件变得更加复杂。

最重要的是，我们要意识到，所有的行为都是被恐惧驱使的。

感受恐惧，走出负面循环

依赖者喜欢控制别人，比如依赖者母亲控制孩子，就算孩子长大成人，其身体里永远住着一个长不大的受伤的小孩。这样的孩子往往是反依赖者，反依赖者是长不大的。他们永远无法完全从失去自己的恐惧中脱离出来，这对他们的亲密关系会有很真切的影响。

反依赖者一进入某段关系就会开始伪装。在一段关系中他们需要伪装的话，他们就没有真正地在那里。我们经常看到这样的现象，两个人结婚后，慢慢就像演一场电影一样，他们尝试表演得像一对情侣，但是很难真正有感觉，他们没有连接感。

比如一个男人，当他的父母之间没有连接感，作为丈夫他又非常提防妻子，那么唯一可以让他敞开一点的就是他的情人，因为他知道他的情人无法拥有他。

这并非复杂的家庭动态。不仅是他的妻子知道问题所在，他的孩子也知道这是有问题的。然后，孩子要么开始变成一个依赖者，绝望地想尝试让父亲和他们在一起；要么变成反依赖者，说"我不需要你，我想要一个人，我永远都不需要另一个人，我就要建立自己的墙"。这不仅痛苦而且疯狂。

所以，孩子也陷在这种不断地传递的循环模式中，一个家庭中很难有人是健康的。要打破这种模式，其中一种方法就是打破情绪上的传承，也就是去感受恐惧，感受痛苦。

No.4

停止指责

〔人人都需要"再来一次"按钮〕

我们现在知道，这些潜在的复杂关系，这些我们潜意识中携带的恐惧，往往来自童年。我们在关系中，以及为人父母时，一直在重复依赖者或反依赖者的模式。我们需要意识到，只要它们一直存在于我们的潜意识中，我们就无法得到疗愈。

练习：看到自己的恐惧是什么

你要了解，你的内在既有依赖者的恐惧，也有反依赖者的恐惧。你不要对此感到羞愧，因为任何人都没有理由去评判自己的恐惧。恐惧是非常正常的，如果没有恐惧，我们就不是人类了。

现在，我希望你可以去想一想你的关系——你近期的一段关系，或者你之前的一段关系。你的关系是不是经常没有一个好的结果，以非常痛苦的方式结束？

无论我们是否意识到，我们都经常会背负着之前未解决的关系问题，即前一段关系中未完成的那个部分，将它带到下一段关系中。因为，我们想要找到一个解决关系问题的办法。

所以我们要做的第一件事，是看到自己的恐惧是什么。你不妨想想你的关系——你现在的亲密关系；如果你现在没有亲密关系，可以思考你的上一段关系；如果没有可以参考的关系也没问题，你可以想想自己的父母。

然后，开始对自己诚实。在这个过程中，诚实是非常重要的，我们要真诚地问自己："我到底在害怕什么？"

请你花点时间来思考，以一种可爱且友好的方式来检测一下自己的恐惧，然后与你的伴侣分享。

你可以找一张纸、一支笔，做一些记录。你也可以在下面直接写下你的恐惧。

我到底在害怕什么

_____

_____

_____

_____

_____

_____

_____

_____

我给大家讲一个我父亲的例子。我父亲在家庭中是非常沮丧的，他觉得子女是他的负担，觉得照顾孩子就是在流失自己的能量，并且有太多的责任。所以他经常想逃离，尤其是在周末的时候。

我记得，每当我看到他出去的时候，我都不相信他还会回来。所以我的恐惧非常强烈，我相信我爱的人如果出去了就不会再回来了。

我母亲则完全相反。我的母亲经常过度干涉我的生活，而我不想和她分享任何事情，因为我觉得她就是一个"黑客"，可以进入我的操作系统操控我。

所以，我从来不让母亲亲近我。我讨厌她试图和我亲近，尤其是身体层面，每当她碰我的时候我都觉得很难受，我变得对触碰有恐惧。

我不想被触碰，可以说这是对亲近的一种恐惧。因为我不知道如何保护自己，不知道如何设立自己的界限。我带着这种恐惧进入关系中，我经常和那些可能会抛弃我的人在一起。因为即便我害怕被抛弃，但是我更害怕被入侵。

我的恐惧在很多种情况下影响着我的生活，于是我会创造"会有一个抛弃我的人进入我的生命"的情况——对方就是不可靠的，或者他不告诉我实情，如同反依赖者经常做的那样。反依赖者永远都有故事，永远都不会说出真相，因为如果说出真相，你就可以"抓"到他们。

相较于没有人在身边陪伴，我对有人在身边陪伴感到更加害怕，但是我从来都不承认这一点。

总之，我们要看到恐惧的复杂性。

我希望你开始承认"我的恐惧是什么""我害怕的是什么""我害怕……""我有一种恐惧，它是……"。请你写下你的恐惧，这样你才能真正与你的恐惧连接。而且，你可以变成你的恐惧的主人。这使你开始凌驾于恐惧之上，这样你才能勇敢地说："这些是我的恐惧。"

练习：看到恐惧的根源在哪里

我们要做的第二件事，是看到恐惧的根源在哪里。你不妨问问自己：我的恐惧源自哪里？我的恐惧源自父亲，还是源自母亲？或是源自我观察到的父母之间的关系？

很多时候，如果母亲对父亲感到失望，她就会入侵孩子，让孩子跟她一起站队。所以很多人会有这样一种恐惧：如果父母双方我都爱，我的母亲会生我的气。你要去观察，你的恐惧到底是来自母亲还是父亲，还是父母关系或家庭关系。

你可以花点时间进行回顾。

我的恐惧源自哪里

_____

_____

_____

_____

_____

_____

_____

然后，你要想一想：我的恐惧是如何影响我的人生的？我的恐惧是如何影响我的亲密关系，如何堵塞我的亲密关系的？其中一个最需要解决的是你性生活中的恐惧，性生活往往是恐惧容易浮现的地方，也是你封闭自己的地方，以及你自己控制自己的地方。

了解自己的恐惧源自哪里，你才能更多地了解自己的恐惧是如何运作的，从而给自己更多的力量去创造一段亲密关系。

依赖者如何处理自己的恐惧

这两个练习中，非常重要的一点，是让我们看到自己的恐惧。我们要从一个没有评判的角度去看见自己的恐惧，以接纳、欢迎和尊重恐惧的方式进行。如果你在一段关系中，我一定会鼓励你去处理自己的部分，鼓励你的伴侣去处理他（她）的部分。

然而，我们基本都是依赖的做法，我们尝试去解决"伴侣的恐惧是什么"，但是从来都不想看到自己的恐惧。我们认为，如果知道对方的恐惧，那我们就可以控制对方，而不用去处理自己的恐惧。这是不对的。

你不需要知道伴侣的恐惧是什么，你不需要成为检测你伴侣心理健康的专家，你需要成为自己的心理健康专家。否则，你就会用所有的时间专业地分析自己的伴侣，却对自己的人生一无所知。

下一步，你要学会如何去处理你的恐惧。

可能，你现在处于无意识的状态，你会因为自己的恐惧而抱怨你的伴侣。

你经常说：

- "我有这样的感觉还不都是因为你。"
- "我有这样的感觉是因为你不告诉我实情。"
- "我不信任你，我害怕你还不是因为你有其他的女人。"
- "我不信任你是因为你生气并且恶意攻击我。"

…………

你可能觉得这样说没错，但是这样说是无法创造亲密关系的。更好的沟通方式应该是：

- "当我觉得我可能失去你的时候，我感到恐惧。"
- "当我感觉你可能对别的女人更感兴趣的时候，我觉得无比恐惧，因为我害怕你会离开我。如果你离开我，我就会孤独一人，即便是说到我会被抛弃，变得孤独，我都感到伤心。我最深的恐惧就是要去面对痛苦，那份痛苦已经在心底埋藏已久。如果我可以让你为此负责，那么我就能避免我的痛苦，以及我内在的空洞。我想要为我自己负责，就算跟你说这些我都感到很有压力，但是我还是想说出来。好在我开始感受到更多与自己之间的连接。"

• "当我看到你对别人产生好感的时候，我感到恐惧，因为我觉得自己不够好。我当然不希望你去找别的女人，一是我可能会失去你，二是我必须去感受我的内在——我可能觉得自己不够好，我是不值得的。"

…………

当我们停止责备他人时，我们才能认清自己内心深处的伤痛。当然，这并不容易，但是我希望你认识到，如果想要打开亲密关系的大门，这个改变是必要的。

否则，你一直在指责别人，从来不去改变自己，你自己内在的感觉只会越来越糟糕。可以说，伴侣只是你们之间问题的触发者，但并不是成因。

我们往往会无意识地说："你让我感到恐惧，你伤害了我，你对我做出了太残忍的事情，看看你都对我做了些什么？"然后，我们会责备伴侣，惩罚伴侣，最终让自己陷入巨大的内疚、冲突和伤痛的旋涡之中。

现在，你不妨尝试着这样对伴侣说："当你这样做的时候，你触发了我的恐惧。"你要开始学会用"当你做……（某些事情时），我感到恐惧"这样的句式去陈述。

你必须要注意一点，不要变相地责怪你的伴侣，比如说"当你没有无休止地给我打电话的时候，我感到恐惧"。因为每次你这样表达的时候，你其实都是在表达"你是这样对我的"。

你的内在小孩感觉自己是一个受害者，相信"是别人误导了我"这样的催眠，但这是无法理解的。

在童年阶段，我们可能是受害者，可能被误导了。如果我们一直继续相信"是别人误导了我"这个观念，那就无法成长。成长意味着我们愿意为自己的行为负责，为我们的感觉、想法和情绪负责，而且这也是依赖者处理自己恐惧非常关键的一步。

如果你跟随我们的指引，开始去辨别自己的恐惧，将你的恐惧写下来，并且以没有攻击性、没有责备性的语言分享出来，我相信你不久后就能拥有非常有能量且美好的亲密伴侣关系。

反依赖者如何处理自己的恐惧

反依赖者的恐惧更加精微，对于反依赖者来说更难说出口，他们对被干预也非常敏感，所以反依赖者要开始尝试这样表达：

• "我对关系中的亲密感到恐惧，因为我担心你过多地渴求于我。"

- "我对关系中的亲密感到恐惧，因为我不知道自己的界限在哪里。"

- "我对关系中的亲密感到恐惧，因为我的模式就是让我成为一个照顾别人的人，所以我可能会抛弃我自己，然后开始照顾你，但我又不知道如何停止这种模式。"

反依赖者必须要非常温和与缓慢地进行这一步，因为他们有太多的恐惧和疑惑。他们最初可能还觉察不到自己的恐惧，这和一个真实的人离开带给他们的恐惧不一样。

反依赖者经常会说："每当任何人或任何事物靠近我的时候，我都感到不舒服，我意识到我想要退后，我想要更多的空间。"可能很多时候，反依赖者的恐惧并不是以恐惧的形式展现出来的，他们只是感到不舒服，但是通过一段时间的了解，反依赖者能够辨别出，原来这就是恐惧。

善用"再来一次"按钮

我是一个依赖者，我的丈夫是一个反依赖者，我想和你分享一些我们之间的沟通故事。

一天晚上，我们非常亲密地躺在床上，我可以感觉到他的不舒服，然后他用非常温柔且充满爱的眼光看着我说："亲爱的，如果我现在和你说我需要一些空间，这会伤害到你吗？"他的表达很温柔，让我的心都融化了。

我真正地理解了他被干预的感受和我没有关系。依赖者很自然就会将一切都归到自己身上，通常反依赖者想要一些空间的时候，依赖者就会觉得自己被拒绝了。但是，当时我没有觉得自己被拒绝，我反而觉得他很信任我，他可以告诉我这么私密的事情。

这也改变了我们之间的关系，他感觉和我分享这些事情很安全，而我也没有因此抓狂。

我自己是怎么做的呢？我必须要非常诚实，因为相对他来说，我更加有需求，我需要很多爱的关注，需要很多连接。我会对他说："现在我真的需要关注，我需要你抱着我。"

他经常面带微笑地看着我，他不会反对我所表达的事情。有时他可以做到，于是就让我靠近一些，有时他会说他自己感觉太累了，但是他从来都没有用一种让我觉得被拒绝的方式来表达。

我在信他的同时没有用命令的口吻，我觉得自己放下了命令的感觉。我可以说"今天我觉得自己想要一些关注度""亲爱的，我今天感觉有些孤单，你可以给我一些关注吗"，我经常以这样的方式为自己的需求采取主动权。我不再是用控制的语气说："亲爱的，快看我买的新衣服，你觉得我穿上好不好看？"——快点看我，我需要被关注。

不过现实的情况是，即便我们意识到要做出改变，有的时候也还是会出现状况。比如，我自己觉得糟糕的情况是，我的丈夫出去购物了，但没和我说他在商场，有时他可能想自己去逛一逛，两三个小时之后他回来了，我的第一个想法就是："你去哪了？为什么没给我打电话？"

这非常不好！一定不要这么做。我们可以换一个口气说："亲爱的，我好想你，我很伤心，你没有打电话给我，这让我觉得自己被抛弃了。我感觉到孤独，不是你没那么做，只是当你没和我沟通的时候，我感觉到了自己的恐惧，我害怕你出了什么事。"

我们确实需要努力练习。我可以告诉你，我自己也不是都能做到，有时我会看到"攻击"，然后我会告诉我丈夫："亲爱的，对不起，我们再来一次，我们再来一次。"我丈夫觉得自己"逃避"的时候也会对我说："亲爱的，对不起，我们再来一次，我们再来一次。"

在我和我丈夫之间，有一个"再来一次"的按钮。每当我们看到自己的"攻击"或者"逃避"的时候，我们就会重来一次。

我们会重新表达我们的恐惧："亲爱的，我很害怕你没回来，我害怕你发生什么意外，我总是有你会出车祸的恐惧，或者你先离开我的恐惧，所以每当恐惧的时候我都会生气。"我们用这样的方式，亲密的关系就回来了。

记住，恐惧不是你的敌人，你不需要害怕你的恐惧，也不需要让你的恐惧征服你。

经过一步一步的练习，你已经知道如何处理自己的恐惧，如何辨别出恐惧，如何接纳它们，以及如何有效地沟通有关自己的恐惧。

如果你做错了，你也一定要按下那个"再来一次"的按钮，然后告诉自己："看，我抓到你了，刚刚做得不好，让我们再来一次。享受这个过程，因为这是一条美好的加深我们亲密关系的道路。"

No.5

满足渴望

〔关注＋抚摸＋欣赏＋接纳的神奇力量〕

随着旅程的深入，我们开始触摸到一个非常微妙的主题。这个微妙的主题，我们每一个人，无论男人女人都会触及，它就是——渴望。

如今，人们有许多不同的渴望，这些渴望与依赖者和反依赖者相关。其中一种渴望就是"被爱"，或者说"以某种特定的方式被爱"。

童年不被滋养的人，都有被爱的渴求

父母经常以爱的名义，或者以他们喜欢的方式，来展现自己对孩子的爱。所以有一点非常重要：父母要以尊重的方式触碰孩子，即父母将温暖的能量以尊重的方式传递给孩子。

父母要从真正为人父母的角度去看待孩子、触碰孩子，传递"你是珍贵的，你是我们想要的孩子，你是受欢迎的，以及我们爱你"这样的信息给孩子。

父母感谢孩子，不只是因为孩子做了什么，而是认可孩子本来的样子——这是孩子心中向往的渴求。父母要以尊重的方式，让孩子收到"我是被爱的，我是被关心的，我是被抱持触碰的"这类有能量、有品质的深层信息。

孩子收到这样的信息，就会开始相信自己，也开始相信自己的身体感觉和需求。否则，孩子就会觉得自己是不完整的，即使有被爱的渴求，也不知道如何得到。

所以对孩子来说，他们需要经常听到父母对他们这样说："你好漂亮。""我们爱你。""我很开心你是我的孩子。"但大多数人可能都没有得到过类似这样的信息。

我们的父母往往是非常严厉的，他们尝试将我们教育成非常优秀的人，却没有以一种非常慷慨的方式与孩子分享自己的心。所以我们一直感觉自己缺失了某个部分，却不知道缺失的到底是什么。

拥抱自己的孩子，即使他们慢慢长大；或者看着孩子的眼睛，让孩子感觉到你爱他们；或者对孩子说"我爱你"——很多父母不知道如何做到这些，他们习惯含蓄和内敛，对表现这种温暖和实际的爱似乎很为难。

父母通常会对婴儿说"我爱你"，不过随着孩子慢慢长大，他们往往就羞于说出口了。但即使是长大成年的孩子，父母对他们说"我爱你"这句话也很重要，他们仍然需要这种温暖感。

如果孩子缺失这部分，他们就不知道如何保持亲密关系。在他们想要与别人亲近的时候，这会给他们带来很大的问题。他们会觉得不舒服、很奇怪，不知道如何放松，不懂得如何跟随爱和身体去流动。

当缺失的某个特定部分没有在孩子的成长过程中发展出来，对于孩子来说就是不完整的体验。孩子的成长就不会进入完整、全面和健康层面。这种匮乏的状态，通常会给孩子带来心理问题，给他们造成焦虑、压力。

那么，随后会发生什么呢？孩子会一直不断地想要证明自己是值得被爱的。他们会努力挣扎并且给自己施压，因为他们并不觉得自己是值得爱的。

这样的情况，对于成年人的关系来说也是一个巨大的问题。关系中，需要彼此滋养：或是通过语言来向对方表达和展现爱；或是以非语言的方式，比如亲近、触摸和拥抱的方式来表达和给予滋养。关系中的这个部分如果缺失，关系就会变得糟糕。

我们没有获得这种爱、关注、温柔和亲密，就不会有这些品质，也很难给予别人这些。冷漠和匮乏会一直在循环，不断地延续下去，我们很难意识到这部分的缺失。我们会像饥饿的孩子一样，我们会有饥饿感和绝望感。当别人愿意跟我们分享一些爱的感觉时，我们就会倾注所有去为他们做任何事情，我们愿意抛开所有界限。依赖者的结构就是这样形成的。

对反依赖者来说，他们真的想要被允许去做自己，可以去表达自己，当他们需要爱的时候又可以回到被爱的感觉中。他们既想要保持距离又想要保持亲密，既想要爱也想要独立。

这是非常重要的。如果他们的需求得不到满足，他们就会习惯性地恐惧分离。因为一旦分开，就失去了任何爱的可能性，以致他们变得分裂和害怕。这样，无法让他们真正长大。

反依赖者的渴求稍微复杂一点，他们其实需要很多的爱，同时在某个点上，他们又觉得太多了，所以他们又很想逃离。这会让他们的父母觉得很困扰，因为父母不了解这其中包含了一种自然流动。

其实，向孩子展示爱，就是允许他们的分离，同时也要随时欢迎孩子回来，而不是因此加以惩罚，让孩子觉得内疚。

我们需要学会信任自己对于亲密关系的需求——全然的分离、自由和独立，实际上这些是很自然的情况。当我们感觉到充满爱的时候，突然间可能想要离开，想要独处，"世界那么大，我想去看看"；当我们脆弱的时候，我们又想要回到爱当中。这种情况其实在我们三四岁的时候就已经发生了。

最开始的时候，我们想要得到作为孩子该得到的身体层面的爱，同时我们想要独立，或者说我们想要独立又想要在一起。

我们在童年没有注意到独立的需求，长大后我们也不会相信自己有独立的需求。我们在自己不喜欢的地方待着，因为我们害怕分离。我们也不相信爱，因为我们害怕爱会让我们不自由。慢慢地，我们变得冰冷，我们仿佛被卡住了，没有办法自由地移动，也没有办法进到有爱的关系中。

这是我们在一些反依赖者身上看到的问题，他们也会卡在像依赖者般对一个人全然专注的渴求上。他们的需求都固化了，他们在无意识状态下做的一切，只专注在一个人身上，当然，这会让那个人觉得非常压抑和有压力。

关注＋抚摸＋欣赏＋接纳的神奇力量

我们的童年如果不被滋养，之后我们可能就是破裂的，我们会在没有准备好的情况下进入一段关系。

如果要修复这段关系，我们需要做的是什么？

在我们的关系中有几个重点：

第一，关注。

也就是给予对方关注。你以一种不被伴侣干扰的方式和伴侣相处，比如注视对方，聆听对方，给予对方时间，给予对方空间，让他感觉到你对他的关注。关注，在一定程度上意味着爱。

第二，抚摸。

也就是给予对方爱和情感。身体接触是表达爱意的一种方式，比如抚摸、拥抱、牵手，这些非性爱的触摸都是非常重要的。不是所有的触摸都要和性有关，非性爱的触摸也有疗愈性。我们在关系里需要许多这种关爱，当然，我们也需要性爱。

非性爱的触摸是一种能量的交换。每一天我们都可以找一些时刻通过非性爱的触摸来表达爱和情感，比如把双手搭在伴侣身上，两个人手牵手，或者一个拥抱、亲吻，这些都是没有语言的爱的信号。

第三，欣赏。

也就是给予对方认可。比如，你丈夫给你做了早餐，你可以告诉他："早餐实在是太美味了，我非常感动你起来给我做早餐，非常感谢你。这对于我来说代表着一切，因为你通过日常小事在向我表达你的爱，我也收到了这一点。"

第四，接纳。

当你一直在评论别人的时候，你是很难与别人在一起的。比如，你一直对别人说"你还不够优秀，你可以做得更好"这类信息，说明你并没有接纳对方。很多人童年的时候都经历过这样的情况，从父母那里得到这种以爱为名的要求："你可以做得更好，你可以更优秀。"这并不是真正的爱的方式。

为什么我们说这不是爱的方式？因为这并没有接纳孩子本来的样子，孩子被鼓励着成为更加优秀的人，孩子所收到的信息是，"我不能做我自己"。

在成年人的关系中，我们必须去练习深层的接纳——我接纳你本来的样子，我不会一直尝试去改变你，如果我有不开心的事情我会直接告诉你，而不是给你压力让你成为不同的人，坚持让你以我想要的方式去做事。

从现在开始，建议你每天在自己的关系中做一些小小的改变——给出关注，每天花几分钟的时间待在那个当下；展现你的温柔、感动、拥抱和微笑，哪怕只是牵着对方的手去厨房；通过言语告诉对方，"当我觉得你做的事情出色时，我会告诉你，你做得太棒了"……

当你开始接纳你的伴侣时你也会慢慢地接纳自己——你会给你的关系注入妙不可言的力量，那将会发生巨大的疗愈。

PART 4

走出亲密关系的七大困境

No.1

空窗期

〔如何跟自己成为好朋友〕

渴望是非常重要的，但不需要过度。很多时候我们不敢有渴望，害怕自己对生活感到失望，可能是无法找到那种我们想要的连接感和满足感。

有些人，即便是在长期关系里，比如为人父母或是在婚姻中，都无法找到深厚的连接感。

如何正确理解我们的渴望？

对于任何一段关系来说都非常重要的一个方面就是我们和自己的关系。我们一定会有一个没有伴侣的空窗期，这就是一个很好的时间，让我们可以了解自己，成为自己的好朋友。当然，我们也需要一种成为自己所是的样子的方式。

前面已经讲过我们自己的保护层和情绪的部分，以及我们称作内在空间的地方，即自然真我。当你可以触碰这个空间时，你所有的渴望都会得到满足。

我们的环境告诉我们，如果我们有自己的需求和渴望，我们要到外在世界去寻找。现在，我们可以拥有的最大转化是，在我们的关系和自己的生命中，将渴望的方向转回到这个深层的内在空间。

从某种程度上来讲，我们可能要找一些事情来做，比如瑜伽、正念练习。这些练习会帮助我们回到自己的内在空间，让我们感觉到自己内在的连接感和幸福感，单纯地为自己开心。

这个内在空间不依赖于任何外在事物。我们就像隐居在自己内在的世界一样，因为这是一个静修的世界，一个有着深深的连接感的世界。

我们也可以将内在空间称为内在本质。当你可以和自己的内在本质连接时，你真的可以连接到宇宙般的爱，以及宇宙般的友谊。我们对此可能没有任何想法，也从来没有学习过，有些人可能无意之间体验到了这一点。

不过我告诉你，和自己的内在本质连接会慢慢地变成我们生活中最重要的一个维度，因为这是内在最深的一个维度。伴侣双方如果都可以连接到这个内在维度，就会拥有最强大的亲密关系。

男性需要男性好友，女性需要闺蜜

友谊非常重要，拥有友谊及群体的沟通使我们不孤独。我们有很多的选择，但当我们固化在一个人身上的时候，我们可能真的忘记了如何去滋养自己。

并且，我们可以有很好的亲密关系。这一点对于女性来说比较容易，拥有一个非常好的闺蜜，她用爱和善良来聆听你，你可以与她分享内心最深处的想法和感觉，这是非常美好的体验。

与闺蜜的亲近必不可少，有一些事情是男人无能为力的，因为男女的生理结构不同。即便在有男朋友的情况下，拥有闺蜜也是一件非常健康的事情，这样不会让你固化，以及想要从别人身上得到一切。

我们有其他好友，我们有一些自己喜欢做的事情，比如舞蹈、瑜伽、音乐、画画、唱歌等。这些都是我们可以滋养自己的不同方式。就算我们独自一人，也并不意味着我们的人生就注定是苦不堪言的。

就说在我们课堂上的每一个人，大家有很多课程可以参加，有许多东西可以学习，可以遇到不少愿意敞开心扉的人。所以，不要有那种"如果我没有在某人身上得到自己想要的，生命就要结束了"的想法。这不是一种美好且聪明的疗愈自己的方式。

基本上就是这样，男性需要男性好友，女性需要女性闺蜜。

后面我们会讲到两极，当女性能量和男性能量相遇时所带来的伟大关系，就是所谓的阴阳。如果我们没有在自己的男性能量或女性能量中的话，我们就都是中性的，那么在能量层面深层的连接就不会发生。

很多时候，我们要学习一个人独处，以加强自己的本质。比如你是女性，你就要加深自己的阴性本质。如果你是男性，你就要增强你的阳性本质，当你与别的男性沟通时，你也要加强自己的阳性力量。这会让你以更有力量的方式遇到他人。

练习：感受你的内在，成为自己的好朋友

现在，我带领大家进入一个引导练习，进行一个简单的正念探索。在这个过程中，我希望你可以用舒适的坐姿坐好，让自己的身体放松。

请你闭上眼睛，这样可以让你真正地体验进入自己的内在空间，也可以帮助你暂时切断所有外在的念头。

做几次深呼吸。缓慢地吸气，让自己可以真正地感觉到空气进入自己的身体，真正地感受到呼气时的美妙之处。

开始让你的头脑和情绪变得缓慢，其中一种有效的方法就是在

自己身体的感知上带入正念觉察。当你这样做的时候，你会让自己以更加真实的方式去感受自己。

你开始去感受自己坐在椅子或者垫子上的身体，开始去觉察自己双脚和腿上的感觉，开始去感受自己的能量进到自己身体里。

你开始将能量带回来，上下流动，并且沉淀下来。你感受到自己内在有一种鲜活的意识，你的内在真的有一个空间。这里是有爱的、有生命的，以及有临在感的，这里是一个敞开、温柔，以及友善的空间。

然后，将你的觉察带到你的腹部，让你的腹部感觉到柔软、放松。这样你的腹部可以连接身体的其他部位，你可以深入，你开始从你的保护层中解脱出来，进入一个柔软的内在空间。

当你觉察到自己的呼吸时，你可以看到自己这个内在空间的美。

你更加深入地进入自己的内在，进到爱和温柔的品质中，找到真正的爱的能量。这一刻你看到，你一直在寻找的爱就在你的内在。

当你深入这种感觉里的时候，许多的恐惧开始消失，出现的是安静的空间和单纯的幸福空间。想要抓取的绝望感开始柔软，幸福展现了出来。

你开始与自己待在一起，成为自己的好朋友。

继续保持当下的呼吸，在呼吸时保持轻柔的觉知力。

非常重要的一点是，当你开始处于自己的当下，接纳的空间就敞开了，这是你可以如实做自己的地方。

在这里，所有尝试的，以及想要获取爱的方式都停止了，你什么都不需要做。

现在，再做一次深呼吸。吸气，让所有的空气流入你的腹部，感受到你因吸气而鼓起的腹部。吐气的时候放松。

当你觉得自己准备好的时候，你可以慢慢地睁开眼睛，恢复清醒。

这个练习，可以让你以尽可能简单的方式回到自己的当下，感知你的身体，感受你的身体变得越来越放松，觉察你的呼吸，感受美好精致的空间正在你的内在开启。

当你深入这个空间时，它就变成了你自己拥有的爱。之后，你就有能力去给予别人，将这份爱回馈给世界、你的家庭和你最亲密的伴侣。

No.2

代际传递
〔如何避免重复父母的互动模式〕

有人提出这样一个问题：我们怎样才能不重复我们在父母身上看到的模式，或者说怎样才能不重复我们和父母相处的模式？

在关系中总是重复父母的模式

这是一个非常好的问题，其中也带有许多的觉察。我们辨识出自己在重复父母的一些模式，但大多数情况下，我们是在无意识中单纯地重复着这些模式。

那么，我们重复的是什么模式呢？

我们在自己身上往往能看到父母的很多影子。奇怪的是，即便我们没有在父母身边长大，但是一部分的我们内化了我们的母亲，另一部分的我们内化了我们的父亲。因为我们经常通过观察来学习，我们是社会性生物，我们会通过一些事物来模仿学习。如果塑造我们的不是健康的方式，那我们就会变得不健康。

我们相信，你可以通过自己的努力去改变这些模式，当然，不是一夜之间！

没有努力和决心，这种改变也无法发生。但是有一个好消息：你绝对可以改变这些模式。

你不用重复父母的互动方式

假如你看到你的父亲无法和你的母亲保持亲密关系；你看到你的父亲从来都不拥抱或不亲吻你的母亲，也从来不赞赏你的母亲；你看到你的父亲带着某种距离感，有些冰冷。你害怕在他面前表露你的情绪，你无法展现你的情感，在你的头脑中，你有了一个想法，男人就应该这个样子。

你进入婚姻之后，你觉得自己学会了如何成为一个男人。你和妻子在一起，然后你发现她不开心，她告诉你她想要一些不同，她想要你有更多情感的表达——告诉她你爱她——这让你很困惑。

你想：这是什么情况，我该怎么做？然后你意识到你是哪里被控制着？你想起了你的父母，你记得你的母亲也是不开心的。

孩子经常会做的一件事情就是复制自己的父母。我们会复制我们的父母，因为那就是我们学习到的。这背后的逻辑是忠诚，我们会做父母跟我们说的一切，因为我们相信这是尊重父母，这是忠诚于父母。如果我们不听父母的话，那就是对父母的背叛。

现在，我们要改变这种想法，因为这是一种错误的想法。大家要看到，当我们在重复父母的模式时，我们就卡住了。

我们重复过去不好的模式，不仅伤害了自己，也伤害了与我们在一起的人。当意识到自己的模式时，我们第一件要做的事情就是辨别出这种模式是什么。

在我的故事中，我的父亲经常不陪我。他也身不由己，因为他从来都没有被爱过，难以对别人有情感。而我一直在做的就是找一个像我父亲这样的人，我找到的都是有距离的、相爱相杀的，以及会拒绝我的男人。我并不开心。

然后我开始看到，我一直卡在自我防御的模式中。我已经受够这些，我开始去疗愈，开始阅读、学习，开始意识到我可以改变这种模式。这种模式中的一个部分就是我的信念——"我不值得的"的信念。我要改变这一点。

我们学习父母的方式，形成了我们看待自己的方式，以及我们值得拥有什么。然后，我意识到我值得拥有更多。

我通过做瑜伽和开工作坊来让自己明白，重复过去并不是一种忠诚，并没有帮到我。我重复地选择像我父亲那样的男人，是我让自己陷入不开心。

孩子会一直期待着，有一天可以得到父母的爱。所以一部分的我开始改变，我开始放弃这种幻想——如果我能变成我父亲所期待的样子，他就会爱我的。

我们需要改变的不仅是行为，还有信念，以及潜在行为背后的态度。想要改变这些，需要很多努力，因为这需要很多觉察。随着时间的流逝，我可以感受到我和父亲之间关系的痛，并且开始意识到他不够爱我并不是因为我不可爱，只是他不知道如何做。我一点点地了解这些，并脱离这种重复模式的需求。

之后，我可以看到那些愿意和我在一起的人。之前我都看不到他们，即便他们在那里，我都无法找到他们。

我当时固化在这种从我父亲身上得到的模式里，致使我一直在吸引那些没空理我的男人，还希望改变他们。我当时的信念就是"如果我改变得足够多，他们就会爱我"，或者"如果我足够爱他们，他们就会改变"。当然，这从来都没有发生过。

每当我不想要不开心的时候，不想要再继续重复同样的总是让我觉得自己非常糟糕的关系时，我就会督促自己做出一些改变。长期以来，我也一直在观察，那个不同的人到底是什么样的，相处有什么不同的形式，然后我开始做出一些更好的选择。这对每个人来说也都有可能。

我们也可以在学员身上进行了解。

近期有一个女学员，她在自己父母的婚姻中观察到她的父母没什么亲密关系，而且也毫无性亲密。所以她觉得一对情侣在一起可以没有性关系，这对她来说很正常。然后，她发现自己的亲密关系缺失了性。

享受性对她来说是难以承认的，如果承认了就会被当作是对母亲的不忠诚。

"为什么我可以在性中享乐而母亲却不可以，我又会有什么不同？"这不是一个好的想法。当她更深入地对自己诚实的时候，她发现自己缺少了非常重要的性经验。

我们努力辨别出她的模式，这让她看见，其实她没有必要这样做，她可以有不一样的选择，她的性能量便打开了。

当她的性能量打开后，她更有能力去"遇见"别人，实际上她遇到的就是自己的丈夫。她根本没有改变她的丈夫。之前，她通常会说"都是我丈夫的问题"，但现在她意识到，"原来我选择他是因为没有性，没有开心，他符合我对婚姻的期待画面"。

所以她去调整自己的这个内在画面，然后发现她不需要去重复旧模式，她可以选择，她可以告诉母亲："我爱你，母亲，我尊重你，但是我不需要去重复你做过的事情，我需要去选择对我更好的事情。"她做出这样的改变后，她便和她的丈夫拥有了非常满足且亲密的性关系。

可见，带着觉察与尊重，你绝对有可能改变让你卡在过去那个不开心、不满足的状态中的态度和模式。你会一直一步一步地随着我们的引导，找到一种深入改变的方法，并拥有更加圆满的关系。

No.3

外遇

〔如何应对婚外情带来的挑战〕

外遇，也就是除了在一段亲密关系中，你同时还和另一个人有亲密行为。这种情况在世界的很多角落都有，是我们每一个人都会担心的问题。我觉得，我们应该以开放的态度来探讨这个问题。

谈谈外遇的成因

过去一般是男人会有外遇，现在不仅男人会有外遇，女人也会有外遇，而且可能不局限于外遇。

我们不妨幻想一下：如果我有外遇，那会怎样呢？我们需要以非常开放并且没有评判的心智来看到这些。

外遇有很多原因，其中之一是很多人在婚姻中感觉不到亲密。正如我们前面提及的"渴望"，我们每个人都有被爱的渴求。我们的婚姻中经常缺少"连接感"，我们往往感觉孤独、有压力、没有支持、不被爱，甚至可能感觉被虐待。

很显然，如果一个人没有办法在关系中感到开心，那不难想象外遇是一件多么容易发生的事情。而且，你甚至可能觉得，你做得理所应当，因为你的婚姻就是一个空壳，婚姻里什么都没有。

有人可能会问："为什么留在这样的婚姻中？"

很多时候我们无法离婚，可能是因为一起经营企业，可能是因为孩子，或者是因为会让整个家庭很失望。所以即便不幸福美满，婚姻不是说解散就解散的，离婚并不容易。

在一段不幸福的婚姻里，最简单的解决办法就是去找另一个人。这并不困难。有人说，有时候外遇看上去并不是一件坏事，如果总是在家不开心，谁能说找个能够亲近的人是件坏事？

不过，我们要清楚，一旦有了外遇，就会带来很多麻烦。比如，外遇必须要保密，你不能让你的伴侣知道你有外遇，因为那意味着你们的关系即将终结，伴侣也会手足无措。再如，外遇会让家庭出现分裂，你的父母跟着受苦，孩子也跟着受苦。

于是，很多人都将外遇的事情掩藏起来，而且秘藏很多年。

反依赖：亲密关系的秘密

我有一个来访者，她处在已经许多年没有亲密性生活的婚姻关系中，而她的性需求比较强烈。后来，这个来访者遇到一个结了婚的男士。

这个来访者有两个孩子，而她外遇的对象也有两个孩子，并且这个男士不想和他妻子离婚，她也觉得没有必要和自己的丈夫离婚。所以他们有了一个约定，他们每个星期见一次，每次都有非常激情且满足的性爱关系。

这样的秘密关系，他们维持了 10 年。

突然有一天，这个来访者的一个女儿看到了她在手机里与别的男人之间的短信。她女儿一直以来都感觉母亲在隐瞒些什么，但又不知道在隐瞒什么。女儿发现这些后觉得非常失望，拿着手机给父亲看，说："看看，妈妈都做了些什么？"

一切原形毕露，每个人都很痛苦。父母在受苦，孩子也在受苦。

有过外遇，关系还能修复吗

看到这个来访者的事情，你可能会问："她可以做什么呢？"诚实地说，我也不知道。离开丈夫会好一些吗？丈夫知道她有外遇了，会如何反应呢？

我们需要理解，有外遇的人大多是因为他们有某些需要，但绝望的是这些需要在他们的婚姻中是得不到的。

现在，有一种方法可能会有效。许多人问我，有过外遇的关系还能修复吗？答案是——可以的，也是不可以的。

如果伴侣彼此非常相爱，他们可以坐下来一起沟通"我们一起来修复这段关系吧"，或者寻求外界帮助，然后看到这个事件背后的伤痛。这是有可能让破碎的关系修复的。

但是，我们必须要清楚的是，到底外遇是一个问题，还是"婚姻中存在问题"才有外遇？如果是在非常有活力的家庭关系中有外遇，那我们说这是一种背叛；如果在这段婚姻中两个人都非常痛苦，都不开心，因此有了外遇，这虽然是一件很可悲的事情，但大家都需要坐下来沟通婚姻出了什么问题。

如同我的这个来访者，她丈夫感到非常失望，立刻让她搬出去，整个家庭变得遍体鳞伤。而我的建议是：受伤是当然的，当然你也会感到愤怒，但是你作为丈夫，如果在过去 10 年中，你都没有发现你的妻子有外遇，你跟你的家庭是如此失去连接，这说明你的婚姻是有些问题的。

假如我的丈夫有了外遇，我 3 分钟就能感觉到。我之所以可以感觉到，是因为我和他很亲密。当这个来访者的丈夫感觉自己是被背叛的一方时，他需要看到，为什么他对自己的妻子如此疏忽，妻子有 10 年的外遇他却没觉察到。

外遇的发生，往往是因为我们的婚姻无法再提供我们所需要的连接感。假如一对伴侣可以诚实地沟通，到底是什么造成了外遇，那他们还有选择——不如我们重新开始？我们是否可以用新的方式在一起？

如果两个人重归于好，但还是发生同样的事情，那就证明关系根本不可能修复。他们可能说："其实我们很早就应该面对这个问题了，我们的婚姻基本已经结束了。我们应该对彼此放手了。"

可以说，有时外遇是有用的，因为它让一切都浮出水面，而真相通常是我们不愿意面对的。

很显然，没人想要说谎，没人想要有外遇这样的秘密。外遇是一种非常复杂的情况，没有解决这个问题的简单答案。如果有外遇的情况发生，最好是找到原因并且诚实沟通。我也看到过一些案例，外遇发生后，重新激活了关系的生命力。

你要知道，什么事情会让婚姻容易走向终结——一对夫妻不再关心彼此，只是同屋共处而已，或者更像是兄妹。当这种情况发生的时候，关系往往就会出现一个微小的缝隙，让别人乘虚而入。

我们都渴望有热情连接的关系。我们不想只是做爱，然后有了家庭，剩下的人生就是在孤独的婚姻之中。所以从某种角度上来说，外遇也可能是一种弥补。

正确处理对外遇的渴望

一对伴侣在一起生活许多年，虽然他们从来不和对方沟通自己的情况，隐瞒外遇的事实，但这对孩子来说还是会有糟糕的影响。

孩子在这样一个"展露"强烈心理问题的环境中长大，一定会受到影响。如果是一个女孩，她可能会有受到惊吓、对性产生恐惧、性混乱，或成为霸凌者等情况。

当家庭系统中有巨大的秘密，有一些正在发生却不为人知的事情，虽然从来没人谈及这些事，但是这股能量会被孩子捕捉到。你要理解，在一个家庭系统之中，一切都是有因就有果。对于外遇这件事，你一定要仔细考虑清楚。

你可能最需要做的是在外遇之前，跟你的伴侣说："我真的需要和你谈一谈，因为我在我们的婚姻中不开心。我太不开心了。"

然后，你可以说："现在我们需要做一个决定，我们这段婚姻还要继续吗？我们是否想修复这段婚姻？还是我们愿意共同去面对已经走入尾声的婚姻，让我们彼此以一种成熟的方式道别？"

在你还没有摧毁任何事情，还没有背叛，还没有让孩子为难的时候，这才会帮助到你，这样你才能保护你的婚姻。

10年的谎言和背叛，不会在5分钟的沟通中解决，那是有后果的：你决定结束自己的婚姻，或许你可以和你的情人有正常的关系；但更可能是这样的情况——你和一个结了婚并有孩子的人在一起时，你不仅摧毁了你自己的家庭和孩子，也摧毁了对方的家庭和孩子，这不是一个负责任的行为。

因此，需要以极其负责的方式处理自己的外遇或者对外遇的渴望，这样才不会有伤害。

No.4

三角关系

〔如何避免孩子成为关系的受害者〕

外遇或是三角关系会发生甚至经常发生，其中的一个问题就是我们不知道如何跟对方在一起，并且保持婚姻的鲜活。

如果你意识到你经常陷入三角关系的模式，并为此感到困惑，那你一定要理解的是——不只是关于外遇，而是在一个三角关系中。在某些情况下，你可能是这个三角关系中的任何一个角色，你可能是妻子（丈夫），可能是情人，也可能是那个拥有妻子（丈夫）和情人的人。

三角关系同样也是一个经常出现在家庭系统中的结构。

女儿成为父亲的"妻子"

假设一对夫妻在一段没有亲密的关系中，或者在一段亲密的关系中，但是关系中发生了一些棘手的事情，他们却没有处理好这些事情。

比如，丈夫经常不在家，妻子感到很失望；或者妻子非常压抑，丈夫无法处理妻子的不开心和压抑。一旦夫妻之间失去连接，关系就破了一个洞，夫妻双方可能就会去外在世界寻找情人，甚至发生更加极端的情况。这对夫妻可能会让他们的孩子来填补这个洞，来弥补他们婚姻中缺失的部分。

我的童年就经历过这种情况，这是非常痛苦而且困惑的。我的母亲有很多事情，很难协调时间来陪我父亲。所以父亲沮丧的时候就开始关注我，以我作为他的自信点。他跟我谈论我母亲，这就把我放在一个非常困难的位置，因为我爱我的母亲，同时我也希望自己是父亲心中独特的女儿。

我和母亲进入一种竞争关系中——谁能得到我父亲的爱。每当我觉得自己比母亲更加特别时，我就感觉更加良好；每当父亲的情感回到母亲身上，他们的感情变得更好时，我就觉得自己是被抛弃的。

我很自然地内化了一种想法——男人都是脆弱的，因为他们无法在自己的伴侣身上得到自己的需求。

因此，我经常表现出来的是：我有你需要的东西，如果她没有你想要的，我可以给你所缺失的部分。我将自己放到一个非常困难的情况中，但是这对我来说发生得非常自然。

我也不明白自己为什么这么容易做到这一点，可能是因为我的大脑、神经系统和心理都非常认同这一点。而且，我对此的直觉理解是父亲对我来说当然是很有吸引力的，即使这种吸引是被禁止或者说不被允许的。

我一直在寻找一种方法和渠道，可以让我在父亲面前表现隐藏的吸引，但是这永远都是不可能的，因为他是我母亲的丈夫。这时，三角关系就成为一个最好的呈现。成为父亲的"妻子"是一件很有趣的事情——我这样做，直到我发现这是毁灭性的事情。

这是父亲的女儿（或者母亲的儿子）的"结构"。我们把这种情况叫作家庭的"三角关系"。当然，这不是性方面的三角关系，这是一种情绪上的三角关系，有许多的吸引和能量牵扯其中。

家庭中有这种结构，就会产生竞争：父亲和儿子之间，为母亲的爱引起的竞争；母亲和女儿之间，为父亲的爱引起的竞争。即使没有身体层面的性爱，但是有嫉妒的三角关系，以及异性的三角关系，他们携带着隐藏的爱的渴望。

在这样的家庭结构中长大的孩子，非常容易让自己处在和另一个女人或者男人的竞争中，因为他们在童年时期已经知道这种模式。他们为此想要尝试得到爱，并且为这种竞争感到兴奋：谁会赢呢？谁会输呢？

我意识到自己的问题，我发现我过于享受父亲给予的爱。实际上，这是他的错，他错误地让我变成他自信的来源，以及让我成为一个和母亲同等的女性——一个女人，而不是他的女儿。

我对此也感到一种羞耻。我不想伤害我的母亲，以至于我经常在某种特定的内疚之中。将要失去母亲的爱的感觉让我很害怕，或者说，伤害我的母亲，伤害她的婚姻对我来说是非常痛苦的。

我感觉到，我通过这样的方式得到父亲的爱，实际上我是在失去我的父亲；当我真的以这样的方式得到父亲的爱，我就真的伤害了我的母亲。

我父亲的被抛弃感，使他无法成为一个成年人。他需要在我身上寻找他缺失的部分，这是错误的。

所以我决定，我要对此做点工作。我进行了好几年的对症下药疗愈。这是非常深层的伤痛，我需要真正地看到我的内疚实际上源于对母亲的背叛。

我经历了许多不同的情绪，并看到我有很多次创造了这样的三角关系。这样的三角关系并不是真正的关系，它只是一个权力的游戏，而且会伤害他人。

我也知道，在我的生命中我需要向某些人道歉，因为我以前是鲁莽的，我也非常不敏感。不过这也不是我的错，因为这也是我的遭遇。

我付出很多努力，因为这种模式不在我的心理层面，而是"长"在我的身体里。通过几年的疗愈后，我看到这种模式消失了。

我还记得这种模式消失的那一天，我不再卡在三角关系里，我不再沉浸在与其他女人竞争，以及寻找其他男人的需求中，不再以此来证明自己是有魅力的。

整个游戏就这样结束了，那之后我才有了真正的关系。

儿子成为母亲的"丈夫"

当一个父亲让自己的女儿来证明他的自信时，他就跟女儿过于亲密了。另一种情况是，当一个父亲缺位，一个母亲有时会将儿子作为替代的"伴侣"。这会给儿子带来什么影响？这也给儿子带来了三角关系，他在这个三角关系的家庭中，成为自己母亲的"丈夫"。

这会让儿子感觉到很有力量，因为他替代了"父亲"。但是，这是错误的赋能，实际上就是失权。儿子以这样的方式被母亲侵占，看到母亲轻易地背叛了伴侣关系，他可能永远都学不会如何尊重伴侣关系和尊重女性，同样也学不会要有任何界限。

这种情况容易让儿子结婚后有外遇，甚至有不同类型的外遇。他并不会感觉糟糕，因为他认为自己是值得的。他并不觉得亏欠妻子，因为母亲让他觉得自己特别。他也不需要去顾虑妻子，因为母亲也没有顾及过他的父亲。

他往往会有一种任何时候都可以拥有自己想要的一切的权利。但内心深处，他是害怕亲密关系的。

当母亲过于亲近儿子的时候，孩子就失去了自己的天真，失去了自己的界限，但他无法说："这是一种不恰当的关系，我是一个孩子，你是成年人，而且你是父亲的妻子，你不是我的妻子，我也不是你的丈夫。"

对于一个男孩来说，这会让他感到自己很特别。他会觉得："我是我妈妈的小男人，这好酷！"他会去感觉自己的能力，实际上这是一种错误的赋能，这不是正确的。

他没有在一个正确的位置被赋能。他应该作为一个儿子，观察到人们的婚姻真的很美好，然后感叹："我知道好的伴侣关系是什么样子的，我也要这样的伴侣关系。"

所以，这类作为特别存在的儿子有一种扭曲的特权感，在这种扭曲的特权感之外，他们会去破坏别人的生活。他们容易有外遇而且也不在乎女性，没有任何的责任感，跟其他人关系混乱，让他们的孩子充满疑惑。最终，他们一般都是孤独终老，难以有任何亲密关系。此外，他们还会创造有问题的关系。

这不是一个容易解决的问题。

在这种家庭结构中成长起来的男孩，需要去了解自己身上发生的一切，认识到自己的行为是非常不成熟的。他们只是单纯地在重复家庭中的三角关系，没有让任何人开心，包括他们自己。但是，这样的领悟通常在许多人受伤后，或者他们的孩子展现出受干扰的状况后才会出现。

我们还想告诉大家，母亲将其个人需求放到孩子身上是不对的。母亲真的需要以一个成年人的身份去处理自己的事情。

还有，在这种关系里，在母亲与儿子之间，父亲要负大部分责任。如果父亲没有树立一个丈夫的角色，没有把爱给到自己的妻子，他就让家庭中的父亲角色缺位，以至于儿子需要担任父亲的角色。所以，父亲应该承担父亲的责任，如同母亲应当承担母亲的责任一样。

父亲不在母亲身边，他不但剥夺了让儿子做儿子的权利，而且让儿子承担他这个父亲的责任。这是非常可悲的，往往让儿子在失去父亲的同时也失去了母亲。

这就是为什么这样的男孩长大之后会有许多隐藏的沮丧、愤怒。一旦他们的"沮丧"被触发，他们就会爆发相当有破坏性的愤怒，无论他们面对的是自己的妻子还是自己的孩子。

我们需要牢记我们是如何创造这种三角关系的。如果我们现在要创建一个家庭，非常关键的是不要让孩子去替代我们自己作为丈夫或者妻子的角色。

No.5

单身

〔如何找到合适的另一半〕

大多数人面临的一个问题和挑战是——如果我们单身的话，如何找到合适的伴侣？这不是一件简单的事情。

为什么我们单身

我们首先要看到，为什么自己单身？

许多人单身是因为有太多来自家庭的压力，家人的逼婚等行为让他们很恐慌。

他们觉得没有了自己，他们感觉到受控制、被干预，他们被来自父母的恐惧侵袭。

可以说，如果有巨大的压力，你的情况就会更加困难，你就更难找到一个合适的伴侣。当有许多压力时，你可能拒绝"寻找一个伴侣"，你会花更多的心思在自己身上，专注在自己的事业和财富自由上。你会想："这些关系的难题对我来说太麻烦了，我不需要这个，我也不想要。"

父母对你的逼婚，往往是不会停止的。他们这样干预你、催促你，带给你的压力会让你觉得难以呼吸，而你对父母的逆反也会越来越强烈。

这时候，你需要做的事情是告诉自己——我不想要来自外界，来自社会，来自父母的压力，我想要静下来感受我自己，问问自己想要什么。

我们确实需要一个人去思考思考，也需要一段独处的时间。认真地说，你根本不需要着急，与其将就地选择一段错误的关系，然后自己遍体鳞伤，还不如等待一段对的关系。因为错的关系会伤害我们，有时甚至会造成负荷。

从某个角度来说，单身并不是一件坏事情。单身也许再好不过了，因为你有你的尊严和独立。

当你想要一段关系的时候，你就不会从绝望、恐惧，以及"现在没有，以后就来不及了"的想法出发。如果你是在绝望和恐惧的状态下去选择伴侣，那你一定会选择一个错误的伴侣，因为你无法做出正确的选择。

在这里，我想告诉单身的朋友们，不要为自己的单身感到羞愧和糟糕。你父母的感受是他们的事，那不代表真相。

现在的年轻人，很少有人急于进入一段关系，他们愿意单身。

第一，他们不想那么早结婚，觉得早结婚不适合他们。

第二，他们可能想要发展自己的事业，不急于结婚生子，被孩子和柴米油盐包围。

很多年轻人愿意选择等待，他们想发展自己的事业，想找到自己的职业，想寻找真实的自己。他们需要找到自己，明白他们的人生旅程应该是怎样的，以及更深的人生召唤是什么。

因此，他们不会因为某些客观因素立刻进入一段关系，这是很好的。一个人知道自己是谁，然后与一个也了解自己的人开始一段关系，会大大提升创造亲密关系的成功概率。

而且，如果当下没有对的人，年轻女性不必为了生育而急于结婚。以前，很多人认为要早点生小孩，如果超过 35 岁，就很难生育。现在，很多人已经不再这样想了。你不妨先花一些时间建立自己的事业、心理能力和情绪管理能力等，当你更加成熟时，你会吸引你想要的伴侣。

再次强调，在你开始一段关系之前，先好好了解一下自己是非

反依赖：亲密关系的秘密

常明智的。如果你在不了解自己的情况下就开始一段关系，关系很快就会有问题。

单身没有错，一个人是完全没有问题的，只要你不是被动单身。被动单身是坐着等天上掉下来一个伴侣，这不是好的想法。

单身人士可以发展自己的单身生活，可以创造有趣的生活，并且成为有丰富内涵的人，这也是爱自己的一种形式。这样，当你遇到另一半的时候，你才有给予的能力。你想早早地结婚生子，你真的想这样吗？我不这样认为。

这个世界有太多有趣且可能的事情，等待着你去探索和发现，无论是你自己的内在还是外在，有太多的东西可以去学习。而且，在真正地和一个人安居之前，结识不同的朋友是很好的体验。你不仅能交到更多的朋友，而且会更清楚男性是什么样的、女性是什么样的，这对以后你的亲密关系会有很大帮助。

练习：创造吸引正确伴侣的可能性

这个练习会帮助你创造吸引正确伴侣的可能性，那并不是一种偶然。而且，你不再是急于寻找长期伴侣的受害者。

请你拿出一张纸、一支笔，认真地问自己：

- 我想要在这段关系里成为一个什么样的人？

- 我想要被赋能吗？

- 我想要性吗？

- 我想要自由吗？

- 我想要事业吗？

先问一下自己，你想要在这段关系里成为什么样的人。你想要做一个像母亲那样的女性吗？你想要做一个像父亲那样的男性吗？还是想要一种全新的形式？我们会从你想要成为的人开始，请你诚实地写下那些你想要成为的人的品质。

你想要成为的人的品质

_____

_____

_____

_____

_____

_____

通常，我们可能会先去想——我想要吸引一个什么样的人——

这是一个错误的方向。

找到你想成为一个什么样的人，才能帮助你找到一种自己想要的关系。这之后，你要允许自己发挥想象力，不必觉得一定要忠于自己的母亲或父亲。

你不需要强迫自己说："我想要平淡的人生，我要生孩子，然后就待在家里做饭，感觉到无聊和孤独。"不，你不需要这样做！

你可以说："我想要一个有趣的人生，我想要亲密关系之外的友谊，我想要事业，我要学习，我要旅行，我要有自己的内在之旅和外在之旅，我要知道我是谁。"

你知道自己想成为一个什么样的人之后，你可以问问自己想要和一个怎样的人在一起。比如，我可能会说，我想要找一个可以完全理解我的工作的人，因为我热爱我的工作而且不会放弃。当然，我会平衡好工作和生活，但是我不想对方因为我的工作而心生嫉妒，限制我的自由。

清楚你想成为的样子，从而清楚什么类型的人匹配你想要成为的人。你将匹配的品质放到这个人的身上，比如他（她）需要心胸宽广，他（她）需要对心理学感兴趣，他（她）要喜欢旅行，以及愿意探索他（她）自己，他（她）也愿意学习，等等。这样，你才能"创造"出你想要在这段关系里遇见的人。

当你这么做的时候，你在自己的内在创造了一片空间。于是，你会拥有清晰的自我认知，去吸引你想要的关系。

如果你不这样做，你就会无意识地取悦你的父母。每当你取悦父母的时候，你就会卡陷在自己的反抗中，而且很难有好的结果。

你想要找的人的品质

_____

_____

_____

_____

_____

_____

练习：真爱的出现都是刚刚好

我们一起来做一个练习。

我希望你平静地坐下来，以你自己想要成为的样子坐好，让自己真正拓展到你想要的样子中。感受对方的感受，感受对方的才能，感受对方那不可思议的潜能（也就是你的潜能）。

静坐在这个美好、强大的能量场域里，做几次深呼吸。

随着你的呼吸，那个你想要成为的样子变得越来越鲜活。

感觉你就是在活出这个生命，感觉这个生命带来的清晰感和能量。

希望你可以感受到，并唤醒你自己的理解："我自己本来的样子虽然不完美、不优秀，却是美丽的。"

你本来的样子是容光焕发的、值得的。当你坐在这种有着轻盈感的，自然、自我、真实的意识中时，你可以邀请这个宇宙，邀请整个世界给你（你想要成为的样子）带来一个伴侣。

你感受一下伴侣的临在，这个人可能还没有出现在你的生命里，但你感受到这个人就在世界的某一个角落，这个人是存在的，这个人就是为遇见你而来的。

然后，你可以和这个存在说："我已经准备好去遇见对的人，我已经准备好去成为对方生命中对的人。"

你坐在这里感受："我就是你的真爱，而且我已经准备好迎接你——我的真爱。"并且感受一下，这个人已经准备好出现。

想象一下，整个宇宙都是你的朋友，不是只有父母给予的压力，你有整个宇宙——一个有爱的宇宙，一个真心希望你可以实现自己人生满足的宇宙。

当你带着对自我认知的尊严坐在这里的时候，你可以感受到有一扇充满可能性的大门正在向一个对的人缓慢地打开，这个人可以听到你的召唤，并正在走向你的生命。

我们不知道真爱什么时候出现、在什么地方出现。也许是在地铁站，可能是在星巴克……当你准备好的时候，这个人就会出现。真爱的出现都是刚刚好！

　　我们将要为自己的爱负责，所以再做一次深呼吸。

　　你会感到那些让你觉得自己孤单且将终身找不到伴侣的恐惧消失。你是不是找到了自己？如果你找到了自己，你可以敞开你的心，并且准备好遇见一个对的人，遇见这一次的邂逅。当你准备好的时候，请你微微地低头说一句"谢谢你"。

　　现在，你可以缓慢地回到当下，感觉自己带着无限的可能，以一种崭新的方式回到这个当下。

No.6

放手

〔什么时候离开一段关系最合适〕

什么时候离开一段关系最合适？答案有些复杂，因为没有标准答案。

选择留下还是离开

我们不妨先思考一下，面对一段不开心的关系，为什么有的人选择留下，有的人选择离开？

从依赖者角度来讲，依赖者有能力长时间停留在一段不开心的关系中，因为他们太害怕自己一个人了。他们宁愿有一段不好的关系，也不要没有关系。很多依赖者甚至会一直坚持，留到最后。

反依赖者则相反，如果是一段不好的关系，他们通常会很早就选择离开。他们觉得解决问题根本没有价值。当他们感觉到不舒服的时候，他们往往会掉头就走。他们会说："这一切过于沉重了，影响了我的工作，我宁愿选择孤独，因为一个人对于我来说不是问题。"

这些情况下，不妨学会放手

如果一段关系到了无法挽回的地步，依赖者要学会快点放手。

如果你经常在一段关系中感觉到被虐待、被侵略，说明这是一种无视，关系已经很久没有得到滋养了。如果双方长时间都没有连接，没有亲密的话，其实就是假装或想象在关系中。这时，依赖者需要认识到这段关系已经无法挽回，无法修复，最好的方式就是接纳这段关系的结束。

不过，这对依赖者来说是非常困难的。因为他们拥有丰富的想象力，总是抱有希望。依赖者会有一些奇特的想法，他们总是希望有一天一个仙女带着魔法棒来到自己的面前，改变所有的一切。而这样的情况是不可能发生的。依赖者需要帮助，需要支持，需要我们帮助他们放手。

有人问，假如在一段不好的关系中有了孩子，那就需要考虑孩子的需求吧？是否要等待孩子成长到一定的年龄，再考虑结束这段关系？

我们经常发现，我们的需求和对方的需求是完全不同的。我们需要这些，而对方需要那些。我们没有任何办法改变这一点。所以一般来说我给予的建议是，我们没有必要让自己不开心，因为人生如此短暂。如果你觉得一段关系让你不开心，你觉得这个人不适合你，也许是分开的时候了。

如果你们两个人都觉得还能继续生活在一起，你们也需要一些帮助去解决双方之间存在的问题。如果彼此之间还有爱，双方都渴望重归于好，哪怕曾经伤害了彼此，还是有重来的可能。比如有外遇的情况，也并不意味着没有办法解决。

但是，除了外在提供的帮助外，这真的还需要两个人的努力。两个人都要诚实地看到：

- 修复我们关系的机会到底是什么？
- 我们是否可以做一些改变？
- 我可以成为你想要的人吗？

• 你可以成为我想要的人吗？

通常，问题在于事情发生后两个人会不断吵架，然后触发彼此的伤痛。如果一个依赖者和一个反依赖者，他们一直在触发对方的伤痛，一直在误解对方，持续感觉到背叛，感觉自己的界限被干预，两个人之间的信任感完全消失，在这种情况下，那可能就无济于事了。

我曾经帮助过一对夫妻，他们总是三天一小吵五天一大吵。妻子做的一些事情，丈夫会觉得不可理喻，于是暴跳如雷；妻子因为丈夫的暴躁，感觉非常不爽，然后离开丈夫。他们每一次"分手"都是因为不知道还能做点什么。不过，往往两天之后他们又会"在一起"。

这非常疯狂。其实，他们必须要认识到：如果两个人想在一起，彼此就要约定好不能太冲动，太情绪化，对另一半的需求要敏感；如果在一起持续斗争，持续吵架，关系一天好，三天糟糕，很伤神。

为什么这对夫妻会这样？背后肯定有一些心理层面的议题需要处理。

一个受过精神创伤的孩子，特别是在一个经常有冲突的家庭中长大，或经常看到父母吵架的孩子，会创造同样的关系，因为这对他来说很正常。

他感觉爱和争吵是一体的，他见到过的爱，是掺夹着侵略和争吵的爱。因此，如果见到一种平静没有争吵的关系，他会不信任这样的关系。他会经常创造这样的情境：以爱的名义带来伤害、枯竭和伤痛。

这是非常困难的关系，因为双方不懂如何放手。他们往往处于"我没办法和你继续生活，但是没了你我也没法活"的状态。这样的关系难以修复，因为他们一直在创造这种关系，而且重复产生创伤。

某种程度上，他们需要有创伤，这样他们才会感觉到安全。如果没有创伤，他们会感到不安全，他们不知道如何在没有争吵带来的刺激和紧张的状态下生活。对于这样的情况，选择留下好坏参半。如果真的要结束这样的关系，往往需要很多专业支持。

之所以需要专业支持，是因为如果你真的不知道可以找谁谈、如何获得帮助，什么事可能、什么事不可能，那寻求专业支持是一种很好的想法，也是一种很好的做法。

在传统的互赖关系中，就有美丽的祈祷者。我想对这样的祈祷者说，寻求专业支持是一种非常好的方式，可以帮助你了解一些事情。祈祷者会说："神，请允许我平静地接纳这些我无法改变的事情，鼓足勇气去改变，并认识到每个人的独特性智慧。"

我们要看到，什么是自己可以改变的，什么是自己改变不了的。

人们常常尝试去改变自己的伴侣，但这根本不可能。你能改变的是谁？只是你自己。

我们需要接纳一些既定的事实，当然这需要进行很多工作——我们需要看到，什么是我们必须接纳的，什么是我们可以改变的。这样，我们就会知道有些事情是不能改变的，也就不会变得不开心。

比如，你和一个酗酒的人在一起。在不酗酒的日子里，他非常有爱、非常温柔，很友好。突然一天晚上他醉酒回来，变得非常暴躁，侵犯了你的界限，粗鲁地伤害了你。那么，你要做的是什么？

你跟他说："拜托，你不要再喝酒啦！"你可以改变这个人吗？依我的经验来看，这是不可能的。然后你问："那我要接纳吗？难道我要接纳一个酗酒的人，任由他伤害我吗？"也不是的。

你不可能改变他！那你可以做什么呢？你可以离开，离开是唯一可以做的事情！

我们都会感觉自己是受害者，在这种情况下，我们会抱怨、愤怒，并且想改变错的那个人。但是，我们已经知道，这是不可能的，我们唯有改变自己，这是我们可以做到的！

我给大家的建议是，深入地看看自己：

• *我能接纳的是什么？*

反依赖：亲密关系的秘密

• 我可以改变的是什么？

大多数人都不去改变自己可以改变的事情，而去接纳那些根本不应该接纳的事情，最终让自己陷入混乱。仔细地想一想，如果你需要帮助，那就去寻求帮助。

No.7

保鲜

〔如何让关系长久拥有鲜活生命力〕

非常有趣的问题——有没有一种可以让关系长久保持鲜活的方法？如果有，我们如何做到呢？

可以做自己，也有共同要做的事

让关系长久保持鲜活非常具有挑战性，因为关系慢慢会进入平淡期、无聊期，甚至死亡期。我们在这些时候做些什么让关系变得鲜活，充满生命力呢？那就是变得诚实。

我们要做到对自己诚实、对伴侣诚实，给一段长久的关系足够的空气和空间。说得再明白一点，真正能让关系长久保持鲜活生命力的一个重要因素，就是给伴侣足够做自己的空间。

有时对方需要做些让自己能够放松的事情，你不妨在他（她）需要的时候跟他（她）分开一下，这样有利于关系变得新鲜。同样，你也需要时间独处，这会让你自己保持活力和对生命感到热忱，并让你的伴侣也保持活力和对生命感到热忱。

当然，我们不仅需要给伴侣独立的时间，也需要两个人一起做一些事情，来滋养我们的关系。他（她）有他（她）的爱好，你有你的爱好，两个人还要有共同的相处时间，共同做一些事情。他（她）能给你的自由赋能，你也能为他（她）的自由赋能，这是真正拥有健康关系的秘方！

这样的关系很吸引人，很难有外遇。

你可以对你的伴侣说："你知道吗，我很开心你会留意别的女性（男性），被异性吸引，但是如果你真的做了什么，我会很难过。"我们不能和别人上床，但是我们需要感觉到自己作为男人或女人仍有被异性吸引的可能。这是我们对自由的需求，这很自然。

我跟我丈夫之间经常发生这样有趣的事。我们一起散步，我对他说："你看那个男的，他好性感，我想再多看他两眼。"我丈夫听后笑了笑。之后，我们进到了某一个商店，他说："快看那个女孩！"

我觉得这是一段美好的对话，而且我们可以分享这一点。我不会说："你看你，偷瞄别的女人，你多恶心，我接下来的一周都不想和你说话了。"他也不会这样对我说。

我们要接纳我们是有生命力的人。我要接纳的是我丈夫不是我唯一能看能留意的人，他也不是一匹被挡住眼睛的马，他的眼睛是自由的。我们对彼此没有隐瞒，我们很享受这一切，因为我们知道自己的界限在哪里。

我知道，我永远都不会做伤害我丈夫的事情，而我的丈夫也不会做任何伤害我的事情。当然，我也不会让他毫无乐趣，他也不会让我毫无乐趣。我会鼓励他去做让他开心的事情，他也会鼓励我去做让我开心的事情。当我们都能做自己喜欢的事情时，我们变得鲜活起来。

此外，我们会花一些时间一起做点事情——彼此都享受做的事情。可能是把家里布置得漂亮点，或者是去户外走一走，坐在一个美丽的花园里，或者是做一顿美味佳肴。这些都是能给我们的关系注入能量的事情！

你在乎一段关系，重视一段关系，尊重一段关系，才能进入更深的亲密关系中。当你不开心的时候，你可以去找对方聊一聊。比如我不开心的时候，我就会和我丈夫沟通，这样我们的关系能继续保持新鲜。我无法具体解释这是如何美好，但我想说这是最美好的一件事情。

这是非常深的一种诚实，我们不向彼此隐瞒任何事情，而且我们也不是因为自己的内疚而做某些事情。我们这样做是因为我们知道，当一个人真实的时候，爱才会出现。

这可以让一切都保持在当下。如果你们可以保持在当下，就算你一整晚做自己的事不睡觉，你也不需要征得对方的同意。有时彼此在同一个空间里，甚至几小时不说话，只是享受对方在身边。他做他的事，你忙你的，但是你们感觉是有连接的。

同样，也要保持一定程度上的性生活，即便没有以前那么兴奋。和一个人在一起的时间一长，性生活就没有以前那么兴奋了。但是，其实你们可以做到细腻、温柔，以及亲密。最后，你会发现你们之间更有连接感，并重新拥有很多激情，也会关心彼此。

一段长久的关系需要用心去经营。你需要了解更多对方的需求，需要付出很多的努力和能量。从我的个人经验来说，这是很值得的。

看到并修复关系中的伤痛触发循环

我们在处理长久关系这个议题的时候发现，长久关系一定会触发人们的伤痛。如果你想要在一段长久关系中不触发自己的伤痛，你就会错过某些重点。因为你与一个人的连接越深，这个人越容易触发你的伤痛，你也会更容易触发他的伤痛。所以从某种程度上来说，这又是一个非常好的成长机会。

当别人触发了你的伤痛，你要怎么处理？你需要尽快地修复这种情况。

每个人都会带着自己的伤痛和创伤进入一段关系，不管我们的伴侣是否知情，都会触发我们的伤痛或者创伤。如果我们意识到自己正在做的事情触发了伴侣的伤痛，我们随即道歉或改正，才不会让伴侣留下一个持久的伤疤。

事实上，我们要让大脑去消化这个信息，这样我们的行为才能变得有意识，而不只是在重复过往的行为。当看到关系中的触发循环，我们会发现，我们一直在重复着同样的事情——并不是每天都有新的触发点，而总是有同样的触发事件。

如果你是依赖者，伴侣的抛弃就会触发你的伤痛；如果你是反依赖者，伴侣的不尊重就会触发你的伤痛。你了解到这些，才能在长久的伴侣关系中像经营团队一样，向修复的道路走去。

你会说："告诉我会触发你伤痛的情况。"你不会说："我想要告诉你，你是如何触发我那些伤痛的。"

你们不妨坐下来一起讨论讨论，你可以跟你的伴侣说："请告诉我，怎样的事情会让我触发你的伤痛，这样我可以多留心。有时我触发的那些伤痛就是你需要去看到的，有时可能是由于我的不敏感。"你的伴侣也可以告诉你："告诉我，我的哪些方式可能会触发你的伤痛，这样我可以在这方面多留心，因为我不想伤害你。"

我们知道怎样会触发对方的伤痛时，才知道如何疗愈这些伤痛。实际上，一段美好的长久关系，可以让两个人有机会创造更多的信任，并开始疗愈更多来自童年的深层伤痛。

假如你是反依赖者，你的伴侣可以学习如何对你更加敏感，承认你对空间的需求并且尊重它。如果你是依赖者，你的伴侣承认你需要拥抱，需要抱持，需要抚摸，他（她）对此就可以更加宽容。

以这样的方式，我们不再继续触发对方的伤痛。其实没有那么多伤痛，只是我们一直在触发同样的伤痛而已。

练习：找到创造性疗愈伤痛的方式

我们要找到创造性疗愈伤痛的方式，即真正聆听、理解和尊重对方，以此代替触发伤痛。

我们可以商量，如何对那些我们感到受伤的事情进行沟通。当我们从感受到伤痛的部分开始沟通时，很重要的是能够感受到受伤，并对此进行学习，做一些练习。我们学着不去讲述一个完整的故事，否则我们就变成了受害者。

现在，我们回到当下：

- 现在我感到很受伤。
- 现在我觉察到你是一个观察者，我觉察到我在重复你的行为。
- 现在我觉察到我想吵架。

…………

如果我们想发生改变，最好说"现在我觉察到……"，而不是说"你伤害了我，我对你感到失望""我是一个受害者"等。

所谓的受害者三角关系，会让我们对自己的伤害有很多的洞见，比如我们的伤痛是如何被触发的。而通常，我们疗愈这些伤痛的方式是我们能够分享我们的需求。我们不让对方知道我们是谁，以及我们的需求是什么，就会导致误解的发生。

一段长久的关系显然会触发我们的伤痛，我们需要去创造一种有爱的、慈悲的方式，来疗愈这些伤痛。我们往往都觉得自己的伤痛是被对方触发的，是对方造成的，但其实不尽然。我们要知道如何去沟通，才能让两个人更加亲密，而不是让彼此更疏远。在这里，尊重就是一个关键。

理解我们的伤痛，以及理解伤痛触发点并疗愈它们，是需要一些技能的。其中之一就是我们要了解自己，知道我们的伤痛是什么，来自哪里。

如果你知道你的伤痛从何而来，你可以对你的伴侣说："我的伤痛源自我的童年，这个来自我的母亲，那个来自我的父亲。"如果你这样和你的伴侣沟通，通常会触碰到对方的心，因为对方不想伤害你。

要达到这样的效果，前提是我们了解自己的伤痛从何而来。否则，我们就无法沟通。这需要伴侣双方都负起责任来。我们要理解自己，以及了解伤痛是怎么形成的。你愿意去看到这些吗？

你要了解一些心理学知识，要参加一些心理学工作坊，要读书，同时也可以在网上寻求答案，这一切都需要你的努力。一段鲜活的关系是不断成长的关系，而成长是需要时间和能量的。我真诚地鼓励大家学习、增长知识，有技巧地行动，学习如何处理困难的情况。

另外，正如我们一直讲到的，你需要一个内在空间，你需要在内在创造一个安静的、互动的地方，一个你可以深呼吸，以及捕捉到呼吸和感受的地方。如果你体会到了自己的感受："哦，这就是我内在正在发生的事情。"希望你可以与伴侣沟通一下这份感受。

最后我给大家举一个例子。我来中国工作一段时间了，我有两个学生，他们是一对伴侣，已经参加过我许多的工作坊，他们真的改变了自己的关系。

多年前他们之间有很多冲突，他们当时的亲密关系出现了很大的问题。他们感到很失落，双方对彼此都很失望，甚至想过要离婚。

直到一个时间点，他们两个人都看到了自己所拥有的——两个孩子。他们意识到，彼此之间其实只是有冲突而已，并不意味着他们的关系要结束，也不意味着他们不爱彼此，只是有一些需要改变的部分。他们决定一起努力，去看看自己的触发点，并商讨如何疗愈它。

　　我近期见到了他们，他们的关系得到再次绽放，他们非常开心地在一起，突破了困难的挑战。这给予他们自己很大的信心——只要彼此间还有爱，拯救关系是真的可以做到的。

　　我相信，这个例子也可以给很多在亲密关系中有冲突的人极大的信心。

PART 5

重视亲密关系的五大性主题

No.1

爱情中真正的门当户对，
是性的门当户对

现在我们开始谈论一个非常重要的主题——性。我们通常不会谈论性，因为我们对性有很多恐惧、羞愧和困惑。我觉得，如果我们可以找到一个空间，以非常敞开和友好的方式来讨论性是很棒的。

性真的有这么重要吗

我经常被问到的问题是："在关系中，性真的这么有必要吗？

或者说性真的有这么重要吗？"我会说："是的。性会让你有一段亲密关系，而不是友谊。"

你可以有很多无性友谊。而什么使得亲密关系变得特别？使得两个人之间有独特枢纽的就是性。

那么，在性中会发生什么呢？那就是让你从自己的保护层中走出来，你可以敞开自己的一部分，并进入一个可以卸下自己部分防御的空间。这个敞开的空间就是亲密的。你拥有非常亲密的性关系时，你会允许很深的滋养，以及能量的流动。

这是非常神秘的，也打开了另一个维度。这个维度不是头脑或者情绪的维度，我们称之为能量维度。在这个维度中，交流会发生，两个人的心与心、身体与身体之间以一种特别的方式进行深入分享。

性行为，是男性能量和女性能量的深层结合。这会创造出深层的疗愈能量。这股能量会连接到更大的能量场域，超越两个人及他们的身体本身。

我们的渴望之一就是想与另一个人在性这个空间中融合。这样，彼此在意识上可以相遇，个人界限开始消失，达到一种更深层圆满的状态。

性本身很重要，性的流动带给我们的感觉更重要。如果你可以在性中敞开，就会有奇妙的事情发生，你的头脑和身体与另一个人

反依赖：亲密关系的秘密

融合，你会有一种非常深厚的合一的、无分离的感觉。这是一种奇妙的结合。

如果我们深入地分解渴望，那就是这种无分离感，是我们早期在母亲子宫里的感觉，是我们早年和母亲的亲密感。

这是人类可以拥有的一种更深层次相遇的可能性。这种最亲密的相遇，可能是我们通常称为转化性的或者超凡的经验，是一种喜悦的体验，也是一种深层的满足感。我们可能不知道自己渴望的是什么，但是在我们的 DNA 中存在着这种经验，而且我们想要在现实世界中再次找到这种感觉。

我们通常都说，男性是一半，女性是另一半，只有当他们找到彼此的时候，他们才会有完整的完美体验。这就是为什么我们有阴和阳，当这两种能量相遇的时候，才有全然地融合，全然地邂逅。这就是性可以提供的。

不幸的是，性的最深潜能是大多数人没有体验过的。但是，我们知道性有这样的潜能。我们不需要大脑认知这一点，也很少有人告诉我们，我们进入更深层的性爱关系时，将有一种超凡、美好的体验。

尽管如此，但是我们内心深处知道这种极致的性体验是有可能的。它存在于某个地方，不仅仅只是在高潮中，还在真正的连接感中，在一种能量相遇的过程中。让我们沮丧的是，我们不知道如何找到这种体验。

很多人受过些许教育甚至未受过教育，就进入性爱关系。不仅如此，我们还有很多疑惑、很多羞耻感，就是没有技巧！所以很多时候，我们对自己的性生活感到失望。

对性失望过几次后，很多人可能就会觉得，"好吧，这不适合我，我没有办法在性爱中找到这份深层的连接"，然后就这样放弃了。女人去购物，男人开始工作、打牌，或者开始把注意力放在孩子身上，于是男人和女人之间应该分享的爱的能量就这样被抑制了。

其实，想拥有好的性爱体验需要许多条件。

第一，和自己的身体建立连接，让我们的身体感觉到舒服，感觉到放松。

这是不容易的，因为现今大多数人都生活在自己的保护层和头脑之中。当我们在自己的保护层中时，所有的能量都会流向大脑，我们的身体变得麻木，没有感觉。

所以，我们要先和自己的身体建立连接，和自己的身体能量建立连接。当我们可以感受到自己身体的能量，开始感受到更多的感觉，才会有更多的能量在每一次性的邂逅中表现出来。如果我们非常紧张，非常有压力，无法感受自己的身体，就没有办法在性爱中感受到时光的美妙。

第二，进入更多的性的精细维度。

比如，我们要学习呼吸，我们愿意看着自己伴侣的眼睛，等等。

如果我们内心有羞愧感以及自卑感，就会很困难。从某个角度来说，进入性爱过程，也就意味着疗愈我们自己。

性爱，在我们的关系中很重要。不过我们需要做一些区分，并不是讲到"性爱"的时候就意指所有形式的性。

关系中的重点——学会如何享受性爱关系。性爱不是你需要做的一部分工作，或者需要完成的婚姻中的某个环节，性爱不是像你母亲告诉你的一样，如"婚姻中有一些事情就像洗盘子一样，而性也属于其中的一部分，像工作一样完成它"。这样的性，不会让人们感觉到美好，反而是非常糟糕的。

你有享受性愉悦的权利

有人又问："我们是否享受性爱，性爱是否给我们带来愉悦，以及在关系中表现出对爱的享受，都这么重要吗？"我会说："是的，享受是非常重要的。"

性，并不只是靠近另外一个人，它需要有愉悦感，这一点就让人们感到羞愧和内疚。假如没有人告诉过我们性爱可以带来愉悦，我们认知世界中的性爱就是一项该完成的工作，我们会为自己的愉悦感到内疚。

长大后，我们和父母之间往往没有任何肢体层面的连接，任何形式的身体连接都可能会让我们觉得奇怪。我们对此感到很不舒服，我们在身体层面上没有感受到实际的愉悦感。如果我们无法享受抚摸，无法享受连接感，当然我们就无法享受性爱，甚至会自然而然地主动避免性爱。

所以，当我们对性感到不舒服的时候，以及对给予愉悦、接受愉悦、表现愉悦都感到不舒服的时候，性生活就像完成任务一样，变成了一场噩梦。比如，妻子觉得让丈夫高潮就完成了"工作"，然后就睡觉吧，没人去沟通性生活，直到这个需求再出现，然后再次完成这项"任务"。

我想再次强调，享受性生活在关系中是非常重要的，性爱应当是充满创造性的，享受性爱就应该像享受食物一样。

你会花一些时间来让自己享受当下的食物，你也允许自己做一顿美味佳肴，你会对自己说："这是很特别的汤，我太喜欢喝这道汤了，我非常喜欢汤里面的材料。"性爱也是这样的，性爱就像一道美味的炖汤，有许多的食材，需要我们花费很多时间慢慢"烹煮"。这是一种享受，我们要去观察和品尝。

但是，我们往往没有这种感觉，我们有的却是羞耻、内疚、恐惧等。因为我们不了解自己的身体。一个女人不知道如何给一个男人带来愉悦感，她只是个"小女孩"；一个男人也不知道如何给一个女人带来愉悦感，他只是个"小男孩"。

一个是在寻找父亲的"小女孩",一个是在寻找母亲的"小男孩",两个人都是"孩子",没有在成年的女性和成年的男性层面相遇,而是你给我看你的部分、我也给你看我的部分,但是并没有吸引力。

所以在性生活方面,我们要下很多功夫,才能享受并表达自己的性爱关系。希望无论是男性还是女性,都能在性爱中找到享受感、放松感和安全感。

很多人羞于谈性,往往也没有受到过性方面的教育,实际上还可能被错误地引导。也就是说,我们不仅没有得到支持,还有一个非常奇怪的想法——性爱其实根本不存在。

羞于谈论性其实是一件非常奇怪的事情,我想鼓励大家,要敢于谈论性,要承认有一种美好的事情叫作性爱,要承认在性中可以感到舒服。而且,不只是男性有性爱的需求,女性同样也可以享受性爱。

最神奇的是,我们的身体天生就是为性而创造的,会很自然地让我们去享受性爱,以富有创造性的、艺术的形式去呈现性爱,通过性爱能量来创造更深的享乐和放松的空间,创造亲密和信任。

No.2

羞耻

〔我对性有羞耻感怎么办〕

很多人都有这种苦恼：为什么我们对性会感觉这么害羞和尴尬？

确实，羞耻感让我们和伴侣之间亲密和满足的性爱关系变得非常困难，我们也对此很困惑。

对性的羞耻感是怎么来的

要回答这个问题，我们首先需要了解孩子的性观念是如何形成的。性对于孩子来说是非常自然的，因为这就是我们能量的一部分，也回答了我们是怎样拥有生命的。

我们的身体不只是为了性而生，也是为了繁衍而生，但要以性愉悦为基础。大自然是不会犯错的，但是我们往往都缺乏对性的理解。显然，孩子不需要见证自己父母性生活的部分，但是他们要看到父母之间的互相吸引和欣赏，以及父母之间的爱。

如果孩子是在父母的实际分离中长大的，在父母的关系中看不到任何正面的信息，看不到异性之间的任何情感和相互吸引，那么这呈现的就是一种羞愧感。即便没有任何语言的传递，孩子还是收到了父母对性拒绝的信息，而孩子会内化这种羞愧感。

你有谈论性的自由

对一个女孩来说，什么样的信息可以让她创造绽放的性关系？她需要收到三个信息。我想，对男孩来说也是一样！

第一个信息是，孩子需要在父母的关系中看到性的部分，当然不是指性行为，而是指异性之间的情感和相互吸引。这会让孩子感到安全并给孩子自信，他们也可以让这种自然的异性关系形成。

第二个信息是，母亲需要向孩子展示成为一个女人是什么意思、享受美丽是什么意思、感官享受是什么意思，如果没有感官上的享受，那么性就会变得非常困难。

感官从抚摸开始，孩子需要习惯被抚摸以及拥抱，然后身体里才有生命感，这样孩子才能享受身体接触及身体上的亲密。如果没有满足一个孩子被拥抱和触摸的需求，孩子的身体会变得非常紧张，在身体层面就会觉得不愉悦。

其实，像抚摸这样的事情应该在孩子还是婴儿的时候就开始，父母拥抱孩子，允许孩子躺在父母的中间，让孩子感觉到正常且健康的感官体验。但是在大多数家庭中，孩子却没有得到这一点。

母亲在孩子早期性发展的过程中起到相当关键的作用。母亲享受自己的女性身份，这是母亲需要向女儿传递的信息，这是在告诉女儿"你也可以像我这样"，因为女儿会跟随母亲。如果母亲性冷淡，不享受性关系，那么女儿也会继承这些性格。因为我们通过模仿来学习，我们通过观察，以及从母亲那里收到的信息来学习。

第三个信息是，父亲也需要表达对女儿的欣赏。比如通过有爱的方式注视女儿，或者给予她漂亮的自信心。女儿穿的裙子很漂亮，父亲可以说："你今天真漂亮，你变成了一个美丽的女人。"

女儿需要来自父亲的正面反射，以及来自母亲的正面模范。如果一个女孩触摸的需求不被满足，家里从来没有性教育，母亲从来不散发成熟的女性能量，父亲从来不告诉她"你很美丽，很漂亮，我喜欢看到你成长和变化的样子"，那么这个孩子就如同在沙漠中成长，没有抚摸自己身体或探索自己的性的勇气。这样，当性来临的时候，她就会非常恐惧。她的第一反应是压抑、不连接、觉得性太吓人了。

你要知道，如果性教育不是源自家庭，家庭中没人谈论性，那么当它来临时你就会觉得为什么要有这种恶心的事情发生，你自然就想避免性。你就想停留在作为一个女孩或者孝顺的女儿的形象中，而不是成为一个成熟的女性。

所以你做的第一件事情就是压抑，这样比较安全，而允许性的发生，会让你的安全感以及待在家中才安全的感觉直接受到威胁。

一个女孩在成为一个女人的过程中，她的变化被切断了，她的身体成为一个女人的身体，但是她的意识没有跟随身体成长。她的意识和身体是分离的，她的意识还停留在一个女孩的状态中，而身体已经发展成为一个女人的。这个身体就像一个空荡的房子一样，她似乎不住在这个身体里。

她进入婚姻后，知道性生活是婚姻中的一部分，她做的就只有去取悦她的丈夫。没有人告诉她："亲爱的，你要取悦你自己，你的丈夫才会取悦你。"她只是在服务自己的丈夫，而自己毫无快感。

男孩的情况也差不多。

男孩被触摸的需求往往不被满足，也没有人告诉他们："你要知道，到了一定的年龄，你会有一种叫勃起的感觉。这种感觉很美好，而且你想触碰它，当你触碰它的时候，你会想要溢出来，你可能一天想做一两次。没有关系，这也很好，你享受就好。"没有人教他们这些！当性生活来到他们面前的时候，他们才开始有些许感觉。

一个男孩看到喜欢的女孩，他感到有些兴奋，他的阴茎开始有反应，然后他就想："天啊，我要怎么办？"

他想要隐藏起来，关闭所有的一切，让其成为秘密。他不会告诉自己的父亲。父亲也没对他说过："当你开始对性有所了解的时候，你就会知道这种反应是正常的，没关系，你享受就好了。这不是什么需要担心的大事。"

男孩可能会想："为什么这个东西会勃起来？为什么我会触碰它？没有人说过这一点，我是不是有些奇怪？"也许，这男孩想和别的男孩分享，但是会带有一种羞耻感，而不是说："我在变化，我在成为男人，有这么美妙的过程在我的身体里发生，我感到自豪。"

其实，男孩应该为此感到骄傲："看，我做到了，我能做到，这很有意思。"不过大多数人通常是说："不不不，我们有这种享乐，但是不要说出来。"他们不想让自己的父母知道他们有这样的愉悦感，几乎没人谈及这一点。

这样的男孩长大结婚后，他们在性生活中会很紧张，也会有很多的欲望，这会吓到他们的伴侣。因为男人的性是非常原始的行为。

如果你是一个"小女孩"，突然间面对这种强烈的能量，你会被吓到，想要抽离你的身体。你还要看到他的全部部位，你不知道自己要做什么，你不知道要怎么做。你心里说："天啊，快救救我吧！"你的整体感觉是非常不舒服的，你觉得一切都很奇怪，你的身体不习惯这种激情。你会想："他只是在让我出丑，我做不到。"

当然，因为你没有放松所以会很受伤，你不想要，对方已经结束了，你自己也很不享受。然后，你并不谈论此事，你没有办法说什么，因为你不是不想享受，你是不想要这个经验。整个性爱过程就会变成一个噩梦。

很多时候，你不知道要怎么做，你的伴侣其实也不知道该怎么做。或许你非常幸运，你有一个很敏感的伴侣，但是这是极少数情况。所以绝大多数人的第一次性生活都是不太舒服的，更别提享受了。

所以，如果我们不去谈论性，不允许这种自然生长，不允许放松，也不允许提问，所有的一切都被压抑下来，那当真正要做爱的时候，没人知道到底要做什么。也就是说，不知道要怎么做比较好，不知道技巧。

是的，性是很自然的事情，但是也需要逐渐成长。这种成长需要有技巧，有爱的支持，当没有这种支持时，我们可能就没有什么想法，我们会觉得非常糟糕，认为自己是失败者。我们没有任何想法，也知道自己没有想法，我们只能假装。最后，我们发现假装没用，整个体验成了噩梦，而没有享受。于是，不但我们对性有羞耻感，它也变成了我们的一种压力。

No.3

差异

〔男女对性的看法为何如此不同〕

现在，我们来看一下我们对性的认识的普遍错误，比如错误的理解和错误的观念。

"为什么男人总是想着性"

害怕性关系的女性经常会说："为什么男人总是想着性，而女人不这样？"这就是一个错误的观念。

确实，男性会更有性爱的动力，这是他们的生理结构造成的，他们被赐予了传播精子的能力。这不是男性的错，他们天生富有这种动力，男性传播精子，女性接纳，两性共同繁衍生息，这就是男性、女性被创造的样子。

部分女性评判男性总是想着性，这往往是缘于女性对性爱愉悦的压抑，或者男性对女性的不尊重。这些女性很可能是为了对抗男性、报复男性，以及在性爱中让男性羞愧。

事实上，男性有动力，女性同样有渴望。如果一个女性的性能量被打开，她的身体感觉到舒服，即使不会像男性一样有性爱释放的动力，她的性渴望也是强烈的。

允许女性享受性、自由表达自己的性需求权利，那么她们对性的渴望基本上会等同于男性，当然可能会有些偏差。

男性和女性的生理构造不同，女性的身体其实可以承受和享受比男性更多的性爱愉悦。在一次性爱中，女性可以有多次性高潮，她们的生理构造允许这种情况出现，而男性只有一次高潮，他们需要一些时间来再次储备能量。

所以从性的角度来讲，女性的能量更加强大。但是女性一直被压抑着控制这种能量，因为当男性掌控这个社会主权的时候，男性不想让女性过于强大。在欧洲，曾经有不少女人被当成女巫当场焚烧，或以其他方式残忍杀害，这让女性更加恐惧她们的性能量，认为性能量会让她们遭受惩罚。

是的，女性不只是有生儿育女的能力，还有不可思议的性能量。女性的能量源自非常深入、强烈的性爱愉悦。但是很少有女性可以真正体验到这一点。

过去，女性一直被教导需要让男性享受，她们自己却得不到享受，她们就会说"男人就只想要性"。如果女性可以感受到内在深层的性爱愉悦，可以自我赋能这部分，她们就不会这样说了。

实际上，男性想要性，女性也一样。我们必须改变自己的思考方式，我们要看到，男性想要性生活，女性也想要性生活。女性如果可以在性中找到能量，也就会去思考："我想要什么样的性生活？我不想只是服务男性。"

女性真正地进入性爱需要更多时间，需要感受到心被抚摸，需要感觉自己被理解，需要感觉自己身体的不同。而男性是随时都在待命的状态。

有的女性会说："女人是要亲密关系，而男人只想要性"。这并不是事实。女性需要在性爱之前有亲密关系的感觉，而男性不是这样，男性可以先有性后有亲密关系。这就是男女的不同。男性如果了解这一点，就可以带着更多的觉察和敏感来接近女性。

"为什么女人总是对性不感兴趣"

女性抱怨"为什么男人就只想要性",男性也会抱怨"为什么女人总是对性不感兴趣"。他们说得对,又不对。女性想要的不只是身体层面的性,还有和伴侣在情感上的连接,她们想要沟通的时间,想要男人可以再放慢一点。如果一个男人太快地想满足自己的释放,女人不但不会感兴趣,而且还会想要逃避这种性。

所以男性要看到,女性不是不想要性生活,而是不想要不享受的性生活。女性的享受来自亲密的连接,她们无法直接开始,她们需要前戏的时间,需要感受到情绪上的连接。比如,男性温柔的触摸等,会让女性在开始性爱之前有感官享受和身体的放松。

女性不是对性不感兴趣,而是需要不同的方法,她们没有办法随时准备就绪,不会处于分分钟立刻准备好的状态。女性需要时间,需要沟通及很多的触碰,如拥抱、抚摸和亲吻。而男性通常都没有耐心,他们觉得这花费太多的时间,前戏时间太长。这是自私的。

通常,有过被母亲控制体验的男性,一般不想要亲密的性爱关系,他们就只想要享乐,然后草草结束。一个男性如果自私,就是一个"小男孩",只顾着自己的高潮,就不要怪女性对他不感兴趣。

不能完全期待对方给予我们愉悦感

相互抱怨不会对亲密关系有帮助。我们必须要一步一步地学会如何建立亲密且有连接的性爱关系。其中重要一点是，双方都要知道——我们不能完全期待对方给予我们愉悦感，我们有自己的责任。

对于女性来说，要开始学习了解自己的身体，了解自己喜欢被如何抚摸，了解自己怎样才能被打开，懂得取悦自己，并看到自己的节奏。

如果女性不知道如何能让自己享受的话，那也就无法告诉男性自己的需求。她们就会觉得自己是被动的，男人毫无想法地做着一切，最终以失败告终，男人感到无助，女人感到自己是受害者！

另外，女性不能只是一味地抱怨男性，要懂得训练和教育他们。比如，女性可以这样告诉他们："亲爱的，不是我不想要性生活，只是这种性生活没有办法深入地让我触动。如果你可以慢一点，你可以看着我的眼睛，然后轻轻地抚摸我，我会更加享受。"

女性如果不再是关闭的、被动的、隐藏的、躲避的，就不会让男性感觉沮丧。

而对于男性来说，要感到自信，要知道自己不能自私和着急，需要放慢脚步，看着女性的眼睛，然后展示自己的爱。如果只是自私地自己享受，那只会让事情变得更加糟糕。这就是男性需要突破的地方。

　　一个成熟的男性会告诉女性："如果你不那么害羞，告诉我甚至是教我，你喜欢怎样被抚摸，你喜欢被抚摸什么部位，你喜欢什么样的力度、什么样的速度，那会给我很大的帮助。我不只是利用你来满足我的愉悦感，我想知道你喜欢什么。我不知道你喜欢什么，所以我也没有安全感。只有你告诉我，我才能了解到。"男性以这样的方式，给女性一个安全地表达自己的机会，就会得到一个开心的伴侣，一段开心的关系。

　　可见，女性需要了解自己的身体，并说出自己的需求，而男性需要意识到，如果只是想要激情地释放，不愿意配合女性，只会得到一个对性不感兴趣的伴侣。男性需要去成长，女性也需要成长，双方都需要努力让事情变得不同。只有这样，真实和深层的愉悦才会发生，彼此才会变得更加开心。

No.4

放松

〔如何打开身体感受，享受当下〕

如何在性体验或者性连接中放松，以便享受和沉浸在那个全然的当下？这是以"如何"来进行的提问，那么我们就来了解一下我们需要做什么。

头脑层面，让自己安静

性不仅是一个非常复杂的主题，而且是非常有艺术性的一种体验。我们如果一方面想拥有成熟的性体验，让自己得到深层的放松、深入的享受，另一方面又带着对性的羞耻心，以及很多不舒服、不安全的感觉，那肯定是不太可能的。我们对性感到羞耻，便无法足够放松，无法让身体进入更深的享受和兴奋的空间。

很多人对"兴奋"理解错误，认为兴奋就是激情、刺激并且快速。我们只会因为身体的虚弱和麻木，对一切无感知，没有什么感觉，或者需要很多刺激、很多摩擦，才会想要加快速度。

实际上，深层的性爱体验，需要我们拥有一种深层平静的状态，或者内在安静的状态。我们进入观察者的内在空间，这样我们就是敏感的、缓慢的和平静的。我们可以自由地呼吸，没有任何性幻想和念头，处在一种活力的状态中。

我们需要头脑静止、心静止，如果我们过于情绪化——依赖型的人尝试去取悦别人，反依赖型的人尝试不要太过亲密，那就会让进入极其安静的内在状态变得非常困难。

我们需要成为观察的自己、安静的自己，在那里没有头脑的竞争，没有"我必须"的念头或者不安全感。"我做得对吗？""他觉得我优秀吗？"这些头脑中的念头只会带来干扰，带来心中情绪的起伏，以至于让我们陷在深深的不安全感之中。这对我们不会有任何帮助。

情绪层面，平抚心情

深层的性爱体验，需要我们以艺术且成熟的方式进到性体验中，知道如何平复我们的情绪。这样可以促使我们成为自己头脑的主人，不要去思考。

不过这需要时间，因为艺术且成熟的技能是生命的技能，而不是性爱技巧。单纯的性爱技巧可能简单，但只会给我们带来更多的激烈、压力和分离。如果你和你伴侣的头脑都非常忙碌，那么你们是不会真正"相遇"的。假如你的情绪非常快速地变化，那就会带来很多问题，要想获得美好的性爱体验就会变得非常困难。

亲密的性爱体验，需要我们跟随呼吸的节奏进行，持续地感受我们的呼吸，让情绪平静下来。而对呼吸节奏的敏感度，需要时间练习。

关系层面，不要专注于一个人

做菜的时候，你不会直接把 10 种材料都扔进锅里。你知道需要哪些材料，了解什么样的火候最合适，才能完成一道美味的菜肴。不是把所有材料都扔进锅里就心想事成了，这也是我们在性爱中要明白的。

我们把所有材料一起丢进锅里，希望做出一道美味佳肴，一般情况下这是不会发生的。在性爱中也同样如此。我们要去感受我们的身体，去平衡我们和伴侣之间的能量。

也就是说，我们要感受到自己的能量，也要感受到对方的能量。如果对方的能量超过我们的能量，那我们就难以感受到自己的能量；如果我们过于注重感受自己的能量，那就难以感受到对方的能量。

依赖型的人在性爱体验中会一直关心对方如何——"他（她）享受吗？""我做得够不够好？""我在做他（她）想让我做的吗？""他（她）还会爱我吗？"这样的话，你根本不是你自己，你所有的专注力都放在你的伴侣身上。这不是一种好方式。

而反依赖型的人在性爱体验中会一直自我观察。他们忙碌于自己的体验，沉浸在自己的小世界中，却感受不到对方发生了什么。

所以我们必须要检查自己的问题，是过于满足他人的依赖型人格，还是不想和伴侣进到融合空间的反依赖型人格。

总之，在头脑层面，我们需要让自己安静；在情绪层面，我们需要平抚情绪；在关系层面，我们需要放下不是专注他人就是专注自我的模式。这听起来似乎有很多事情要做，也很难做到，但其实这一切真的能做到。

身体是精神的殿堂，我们不能急匆匆地走进去，而应带着平静、温柔、良好的觉知和尊重之心进入这个神圣的空间。在一场真正的相遇中，两个人进入神殿，找到嘉许这种相遇的方式，便会遇见一场非常深邃的转化体验。

确实是这样，当两个人开始找到美好的和谐时，身体已经拥有对性爱的敏感，会将你完全带到另一个维度中。那里是一个深层的宁静的空间，你真的超越了时间；那不是兴奋，不是释放，那是两个灵魂相遇的神圣之地。这就是性的吸引力。从某些方面来说，我们知道这一点，只是不知道如何做到。

这无关乎技巧，如果是技巧，我可以给你上百种技巧。这关乎你和谁来一起练习技巧。如果你真的想要这种深层的、亲密的性爱体验，那么重要的是你要努力找到内在的平静，清理你的情绪，放下你对性的羞耻感。

我们每一个人都会有对性的羞耻感，所以我们要认清，性是很自然的，也是享受的，我们不需要为此感到羞愧，不需要在黑暗中谈论此事，不需要对享乐感觉内疚。我们不仅要清理我们的头脑、我们的情绪，同样也要清理阻碍我们享乐的限制性信念。

练习：保持呼吸节奏

这个引导静心的小练习，可以帮助你回到你的身体，感觉自己内在的空间，并且调整你的呼吸节奏。

现在，请你安静和舒服地坐好。

然后，请你想象自己身边就是一个温柔和安全的空间，被善良的能量场域包围。我们会带领你，开始去疗愈那些我们在性方面的伤痛，特别是那些我们不够优秀的感觉。

用片刻时间，感受你的身体被这种美好的接纳和友善的能量包围着，感觉你的双脚放在地板上，和大地连接，感觉你的双脚和你的大腿给予你非常美好的稳定性。

给予自己一个中正的空间，想象你的双脚和你的腿直线般地插到大地中。

这是一个安全的空间，你感到安全，不需要一直担心别人是否接受、喜爱或者看见你。你给予自己这份安全感，而且你可以在双脚和双腿上感受到这份安全感。

当你开始感受到这种安全感时，你有一种平静感。在这种平静感中，你开始安静地专注在你的呼吸上，感受你的呼吸。

这一吸一呼在顺畅又轻松的节奏中流淌。你觉知到自己的吸气，自己的腹部被打开并且扩张；你觉知到自己的呼气，感受到那是多么的放松。

当你觉察到自己呼吸的节奏时，你要练习呼吸的专注力。假设你可以将这份觉知带到那些亲密的时刻里，那你的亲密时刻就会进入一个不同的维度，一个超越身体和头脑的维度。这会让你进入更深层次的喜悦状态。

当你可以跟随呼吸的节奏流动的时候，你便会进入爱的能量的相互交流中，那是强有力的可以疗愈自己的能量。

请你保持呼吸的节奏，觉察你的吸气，觉察你的呼气，观察当你开始将这份觉知带到呼吸上时，你开始感受到越来越放松。

这就是深入亲密性体验的入口！

现在，允许你自己慢慢地回到当下。再做一次深呼吸，慢慢地睁开眼睛，带着放松的、平静的内在空间，轻轻地回到当下。

No.5

沟通

〔如何表达我想要或不想要〕

　　在性这个话题上，沟通和表达非常困难。一方面，我们不想让任何人失望，也不想伤害别人，很难表达自己不想要的，自己不喜欢的；另一方面，我们也羞于表达自己想要的，自己喜欢的。

　　说出自己想要的、喜欢的，或不想要的、不喜欢的很重要，不然我们的伴侣就不知道我们心里的想法。而且，这是一个非常美妙的话题！

　　如何让这种沟通和表达变得容易？

大方表达自己的喜好

你可以邀请你的伴侣一起分享，告诉伴侣你的需求。如果没有这样的邀请，没有这样敞开地去谈论这个话题，你们之间的性爱可能就会显得有些不礼貌，有些粗鲁。所以我的建议是，在讨论性关系之前，先建立一个敞开的沟通空间。

这也许需要先从你开始，你不妨对你的伴侣说：

• "我愿意敞开自己，如果你可以告诉我，你在性中想要的是什么，以及你喜欢什么，那我会非常开心。当然，我也愿意听到你不喜欢什么。"

• "我可能不太了解你，也不知道你到底享受什么，如果你愿意告诉我，或者愿意向我展示，那我会很开心。"

• "我想了解你喜欢被怎么抚摸，我想知道你喜欢这样的方式还是那样的方式，或者这样的速度还是那样的速度。同样，我也会非常愿意让你知道我喜欢什么样的感觉。如果我不知道你喜欢什么，你也不知道我喜欢什么，那我们就只能靠猜的。"

…………

两个人如果用猜的方式进行性爱，就会进入头脑，并开始思考："我做得好吗？""对方喜欢我所做的吗？"

一旦两个人之间不能好好沟通，双方的流动失去连接，而且开始运用大脑思考，就无法营造接受和给予的空间，让身体感受到愉悦的、敞开的空间，更别说在这样的空间中享受地体验了。

我经常鼓励学员们，在面对性爱这个主题的时候，尝试去表达自己的喜好，不要为表达自己的喜好而感到羞愧。

我们很少有过这样的表达："我感觉挺好的。""我很欣赏这个。""出于某种原因，我很享受。"我们往往觉得表达自己的喜好很羞耻，因为这样的表达太直白了。我不是很理解这一点。但是，我知道现实情况是这样的。

因此，我们需要学会让自己不再感觉太裸露，不要因为说出这些感觉美好的事情而感到害羞。当我们能够和自己的伴侣这么表达的时候，当我们这样连接的时候，那种感觉非常棒，我们会从心底发出："我真的很享受，我真的很喜欢。"

我的建议是，要从好的事情开始说起，比如：

- "当你……的时候，我真的很喜欢。"
- "当你……的时候，我感觉好极了。"
- "我想要更多的……"
- "如果你这样做，不是很好……"
  …………

我们不能一上来就是批评家，控制我们的伴侣或要求对方变得不同。因为在性中，我们已经非常敏感，我们非常容易感到被冒犯、被拒绝、被批评。相较于其他事情，我们在做爱和性连接上更敏感。这就是我们不喜欢沟通的原因。但是我们需要沟通，否则会产生太多的误解，除非我们愿意承担不沟通的风险。

"你享受性吗？你想要更多吗？你不享受的是什么？你想要减少些什么？"这样的沟通对每一个人来说都不容易，因为无论是谁可能都觉得是禁忌话题。实际上，这样的表达很健康。

这里，我告诉大家一点——女性的身体需要很长时间的准备。了解这一点，会对大家有帮助。如果你认为女性并不需要很多刺激，这是一个巨大的错误。她们需要许多的温柔和连接，才能更好地准备。而对女性来说，一个非常大的困难就是说出这一点。

• "我还没有准备好，我需要更多的空间，我需要更多的时间。我需要更加缓慢地进行，如果不慢慢来的话，我就无法感受，我就是在配合表演。我会感到惊恐并开始表演，那样我只想快点结束。即便我可以做一个出色的表演者，但是我完全没有在那个当下。"

• "我需要更多的时间，可能我需要更多的连接，我们可以看着对方的眼睛，我需要轻柔且缓慢的抚摸。"

…………

如此表达出来非常有挑战性，需要冒很大的险。但如果不说出来，我们就会停留在表演者的角色中。我们在配合伴侣表演性爱过程，而且还无法出戏。配合演出非常痛苦，以至于宁愿没有性生活。

因此，我们第一步就是要大方地说出我们的需求。我们要记住，这样说是没有问题的，而不说，我们又没有在那个当下，就有问题了。

我们表达了自己的需求，伴侣才能帮助我们："这样会让你舒服吗？这个速度怎么样？你想要一些不一样的吗？"当然，不仅我们的需求要表达出来，我们伴侣的需求也要表达出来。我们要邀请伴侣与我们沟通，倾听他们的需求。

真诚表达自己的欣赏

我们在性中要学会欣赏对方。

我们可以夸赞对方，以及对方身上的美好事物，比如：

- "你今天晚上真好看。"
- "我喜欢你的发型。"
- "我感觉我看到了你今晚的温柔。"

• "我看到了你的友善，并向我敞开。"
…………

这些话语可以让我们打开心扉。性不仅仅是要打开我们的身体，还应该打开我们的心扉。我们如果只专注于技巧，通常不会打开对方的心，有时还可能让对方觉得被侵犯。如果有人在你的敞开中注视着你，反射出你的美，而不只是对你有渴望，你会更敞开。

这是关于看见和表达。这种程度的沟通是极其重要的。因为当你有这种程度的沟通时，你创造了一个安全的空间，创造了一个信任的空间，那才是性最极致的地方，一个可以让你敞开自己内心的地方。

性是一件敞开的事情，不是封闭的，也不是一场表演。我们就是要让对方感觉被接纳、被看见和被爱，而不是羞于表达欣赏。

当伴侣以一种非常美好的方式抚摸你的时候，你可以告诉伴侣："我很享受你的抚摸，我很喜欢你抚摸我的方式。"此时你给伴侣传达了这样的信息：抚摸不是关键，关键在于你，你以这样的方式抚摸了我，而我非常感激这一点。

我觉得，语言的沟通在性爱中极具疗愈性。这让我们放松，感到安全。

如果你欣赏性的话，你就不会那么害羞，你会变得更加自然，更愿意敞开自己，没有任何抑制。

这才是性本来的样子，让你从你的头脑中挣脱出来。你从这种控制中挣脱出来，就不会继续以某种特定的方式看待事物并做出反应。你要知道，如果你卡在自己的头脑和想象中，那很显然，性就是一场表演。

性，真的可以让我们感到滋养。当然，前提是我们需要感到安全。一般情况下我们不觉得安全，我们只会在缓慢的步调下才觉得安全，才能欣赏。我们学会表达我们的感受，"我不只是享受抚摸本身，我还喜欢你抚摸我的方式"。这样，我们感觉到更放松、更安全；这样，我们才能有更深层的相遇。

我们要让彼此感到安全，这不是一个人做的事情，这需要两个人一起努力。

在这里，我鼓励你，从带着对性的敞开开始，敞开地去分享你的感受和体验，进而才能更好地满足你的需求。

我们每一个人都是独特的，每一个人的需求都是不同的。有些人可能在做爱之前需要许多拥抱，有些人想要很多空间，不要太亲密，不然他们会觉得被侵占；有些人需要感觉到很强烈的吸引，喜欢强烈一点，有些人喜欢轻柔一点；有些人喜欢快一些，有些人喜欢慢一些。

除非我们说出来我们需要什么，否则无论对方多么敏感，都不可能百分之百猜对。如果我们不愿意说出来，性爱就会变得非常复杂。

我想，如果我们能做到以下三点，我们就不会再恐惧性，也不会逃避它。

- 我们愿意诚实地表达内心的真相。
- 我们要邀请对方说出自己的需求。
- 我们要尊重我们的伴侣。

性是两个灵魂在身体层面、头脑层面、情绪层面进行的一场深入沟通。这样，两个人才能更加深入彼此，才能感觉到真正的阴阳相遇。这样，性就会是一种非常有疗愈性和滋养性的体验。

No.6

阴阳

〔如何拥有美好的性体验〕

如何拥有非凡美好的性体验?

如果你想拥有非凡美好的性体验,不只是"还可以"就够了,那么你需要更深一层地了解能量,你要成为你自己能量的主人,也就是说你要努力专注于自己的阴性能量(女性能量)和阳性能量(男性能量)。

为什么性会如此困难

在"柔情似水"工作坊的时候，如果我们仅仅只是帮助广大女性提升她们的阴性能量，这是不够的，我们还会帮助她们提升自己的阳性能量。

阴阳能量需要平衡，也就是说阴性能量和阳性能量要处于正确的平衡中。比如作为一个女人，阴性就是我的本质，那么我的阳性能量是隐性的支持。如果是一个男人，那么他的阳性能量在前面，阴性能量在背后支持着。

很多时候，为什么性会如此困难？因为女性的阴性能量过盛，导致她们像小女孩，或者阳性能量过盛，像女汉子。她们没有保持很好的内在阴阳的平衡，或者说内在阴性能量和阳性能量之间的平衡。当然，也可能是男性的阴性能量和阳性能量失调。

阴阳平衡，绽放美好的性

美好的性，是阴和阳的深层相遇与结合，当然，也可能更加复杂。如果我们的阴性能量和阳性能量平衡，那么在性中时，我可能是阴性，我的伴侣是阳性，但下一刻，我可能是阳性，我的伴侣可能在阴性的能量中。我们处在两极的平衡中，给我们的性带来了深层的、丰富的、多维度的体验。

有的时候，即便是女性，也想待在阳性的能量中，此时对于男性来说，就只是放松和接受，在阴性的柔软中也非常美妙。下一秒钟，男性完全收回他的阴性能量，全然转向阳性，那么女性就会进到阴性能量中。所以，这是一支持续的阴阳之舞，是一个美好能量持续流动的过程。这也创造了一种美妙的吸引。

如果我们极端的话，就不会有吸引力。无论是外在的还是内在的，这种吸引力都是阴性能量和阳性能量的相互交替。

所以在这个过程中，还有一个人阴阳之间的动态。

我如果是一个小女孩，陷入阴性能量中，就无法提升我的阳性能量。我如果是一个女强人，一直处于阳性能量中，完全和自己的柔软、温柔的阴性能量脱离，不会让我的性生活美妙。

有时候，一个男人有过多的阳性能量，会导致他无法打开心扉，无法触碰柔软，无法感受事物，无法连接到自己的阴性能量。他没有办法连接到这份温柔，过多地停留在自己的头脑里，以自动、机械化的方式做爱，这样的性就只有单一维度。这是很无聊的，女人也无法享受。所以男人应该跟随自己的阴性能量流动，找到自己的柔软和灵活。

而一个女人既要接受自己的阴性能量，也要从阴性能量转向阳性能量，在这种阳性能量中找到自己的火焰——性爱的火焰。女人不仅是水，也是火，持续地在大地之母的阴性能量和敞开天空的阳性能量之间流动。女人一会儿变成水，一会儿变成火，一直在变化！

这让性变得很美好，因为不只是一个维度，也不是固定的结构。

男性不去寻找自己的阴性能量，女性不去寻找自己的阳性能量，这样会带来糟糕的性体验。在性中，并非女性只能被动、男性只能主动，否则女性会觉得被冒犯，男性则觉得自己没有感觉到伴侣，整个性爱体验变得非常不开心。

我们要帮助男性找到他们阴性的部分，帮助女性找到她们阳性的部分，以达到两者之间的平衡。

两个人进入深层的性中时，都会触碰自己的这两个面向，这就是相互影响的美好能量，这会让丰富美妙的性爱体验的大门打开。在这个过程中，不需要语言，不需要说"我想要的是什么""你想要的是什么"，两个人很舒服地在跳舞，就像阴与阳的舞蹈。

当我们可以这样做的时候，性就已经超越了身体，进入一个超越个人的维度——宇宙的维度。这种类型的性爱是一个再生的过程，不再只是为了生育。

真正的性爱就是一种"炼金术"，一种男人和女人之间深层的"炼金术"。首先，我们从作为男人或者女人的身份开始。然后，我们遇到自己内在的男人或者女人。之后，如果我们是男人我们找到阴性，如果我们是女人我们找到阳性。我们找到自己内在的两极，就不只是两个身体的相遇，而是让阴性能量和阳性能量流动，来到一个高深的层次。

大多数时候，我们都很无感、很麻木，是因为我们没有允许自己的身体进入一个更深的能量层。这时候，我们应该学会对自己的能量进行深层的转化。在这个过程中，首先要了解我们的能量，了解我们的本质——女性本质，或者男性本质，找到在身体里的能量，然后从这种无感和限制中挣脱出来，并进入一个全新的维度。

惊喜的是，我们都有这样的能力！

性包含很多秘密，也很神秘。我们知道性会繁衍生命，生命和孩子都是因为性而发生。这就是性强大的部分。此外，还有更多的事情需要我们了解。

如果我们不享受性的话，我们就不会对性感兴趣，不会知道自己身体里隐藏的秘密。我们如果想要知道性的秘密与神秘，就需要在性的旅途中，做很多深入的探索。

首先，我们必须找到最好的自己，确保不会伤害自己，确保尊重自己，了解自己的能量，为自己的身体负责，为自己遇到的人负责。

其次，我们必须真正享受这个旅途，在深层的喜悦与连接感中体会性的神秘。